TATSACHEN

Nr. 71

Henner Kotte

Chemnitzer Köpfe

in Kunst und Literatur

TaVe

TAUCHAER VERLAG

Kotte, Henner:
Chemnitzer Köpfe in Kunst und Literatur
Tatsachen 71
1. Aufl. – [Leipzig]: Tauchaer Verlag 2025
Gerichtsweg 28, D-04103 Leipzig,
kontakt@tauchaer-verlag.de
ISBN 978-3-89772-336-8

Satz: Ralf Müller
Printed in the EU

ISBN 978-3-89772-336-8

INHALT

Lehrer auf Abwegen

Licht, Lügen und Lektüre im Leben des Karl May

Es klingt ein Ruf aus alter, alter Zeit
An unser Ohr wie aus Prophetenmund:
Ist dir verborgen die Vergangenheit,
So thut sich dir das Werdende nicht kund.
Du willst so gern in deine Zukunft schaun;
Da mußt du erst die Gegenwart begreifen,
Und diese hat sich stetig neu zu baun
Nach Normen, die aus dem Vergangnen reifen.
Karl May: Zeit (1900)

Welch Schrecken! Kaum hatte der Junge am 25. Februar 1842 das Licht der Welt erblickt, verlosch es. „Ich war weder blind geboren noch mit irgend einem vererbten, körperlichen Fehler behaftet. Vater und Mutter waren durchaus kräftige, gesunde Naturen. Sie sind bis zu ihrem Tode niemals krank gewesen. Daß ich kurz nach der Geburt sehr schwer erkrankte, das Augenlicht verlor und volle vier Jahre siechte, war nicht eine Folge der Vererbung, sondern der rein örtlichen Verhältnisse, der Armut, des Unverstandes und der verderblichen Medikasterei, der ich zum Opfer fiel."

Die Familie May wohnte dazumal auf der Bahnstraße in Ernstthal. Im Erdgeschoss lebte die Großmutter, die wohl ihren blinden Enkelsohn zu sich nahm und ihm erzählte: Märchen, Sagen, überliefertes Geschehen. Das förderte zweifelsohne die Phantasie des Knaben. Die Mutter verdiente als Hebamme und holte sich ärztlichen Rat: Eine Mangelernährung liegt als Ursache der Erblindung nah, von 14 Geschwistern sind den Mays neun verstorben.

Tafel für den Volksschriftsteller *am Geburtshaus in Ernstthal*

„Sobald ich in die Hand eines tüchtigen Arztes kam, kehrte mir das Augenlicht wieder, und ich wurde ein höchst kräftiger und widerstandsfähiger Junge." Sobald er fähig, las er, was ihm in die Hände fiel – vor allem spannende Heldengeschichten: „Rinaldo Rinaldini, der Räuberhauptmann" (1799), „Sallo Sallini, der furchtbarste Räuberhauptmann in Italien und Böhmen" (1828) und „Himlo Himlini, der Räuberhäuptling in Spanien mit seiner gefürchteten Bande" (1833).

Die Literatur hatte Folgen: „Das Buch, in dem ich gelesen hatte, führte den Titel ‚Die Räuberhöhle an der Sierra Morena oder der Engel aller Verdrängten'. Als Vater nach Hause gekommen und dann eingeschlafen war, stieg ich aus dem Bett, schlich mich aus der Kammer und zog mich an. Dann schrieb ich einen Zettel: ‚Ihr sollt euch nicht die Hände blutig arbeiten; ich gehe nach Spanien; ich hole Hilfe!' Diesen Zettel legte ich auf den Tisch, steckte ein Stück trockenes Brot in die Tasche, dazu einige Groschen von meinem Kegelgeld, stieg die Treppe hinab, öffnete die Tür, atmete da noch einmal tief und schluchzend auf, aber leise, leise, damit ja niemand es höre, und ging dann gedämpften Schrittes den Marktplatz hinab und die Niedergasse hinaus, den Lungwitzer Weg, der über Lichtenstein nach Zwickau führte, nach Spanien zu, nach Spanien, dem Lande der edlen Räuber.“ Ob so geschehen oder ausgedacht – Literatur und Leben werden Karl May eins.

KARL-MAY-SERIENBILDER

2. Folge — Serien C 21-50 — 180 Bilder

Serie C 30 — Karl May: „Das Buschgespenst“ — Bild 1

Die Erzählung des Gevatters

Im Dorf Hohenthal im Sächsischen Erzgebirge wohnen fast ausschließlich nur Weber und Bergleute, die alle bittere Not leiden müssen. Zu den ärmsten Leuten zählt die Familie des Webers Hauser. Eines Mittags besucht sie der alte Bader des Dorfes, der unter dem Siegel größter Verschwiegenheit eine geheimnisvolle Geschichte erzählt. Seit geraumer Zeit treibt in der Gegend von Hohenthal ein Verbrecher sein Unwesen, der überall nur das „Buschgespenst“ genannt wird, und vor dem alle Grenzbewohner in Furcht und Schrecken leben, denn er ist das Oberhaupt der Pascher und hat schon manchen Mord auf dem Gewissen. Diesem gespenstischen Wesen ist der alte Gevatter eines Nachts im Wald begegnet. Eine hohe, weiße Gestalt war es, die wie ein verschneiter Baum aussah. Der alte Bader hält das „Gespenst“ für den leibhaftigen Teufel.

Verlangen Sie beim Einkauf immer „Coco Nuß“, die allerfeinste Pflanzenmargarine mit den Sammel-Bildern von Karl May. Ein neues, hübsches Sammel-Album (Band II), in Halbleinen gebunden, mit ausführlichen Erzählungen für 180 Bilder ist zum Preise von DM 2,50 durch den Einzelhandel zu beziehen.

WALTER RAU · Teutoburger Margarinewerke · HILTER/Teutoburger Wald

Coco Nuss Allerfeinste Pflanzenmargarine
DIE SPITZENQUALITÄT

In Serie: Das Buschgespenst, um 1867

Lehrer sehen die Potenz des intelligenten und phantasiebegabten Knaben und delegieren ihn auf höhere Schulen. Karl May wird Proseminarist im Lehrerseminar zu Waldenburg. „Der Unterricht war kalt, streng, hart. Es fehlte ihm jede Spur von Poesie. Anstatt zu beglücken, zu begeistern, stieß er ab. Die Religionsstunden waren diejenigen Stunden, für welche man sich am allerwenigsten zu erwärmen vermochte."

Im November 1859 nimmt das Ungemach des jungen Seminaristen seinen Ausgang. Karl May bekam das an sich harmlose Amt des „Lichtwochners" übertragen. „Die Aufgabe bestand darin, verbrauchte Talgkerzen, die der Beleuchtung der Unterrichtsräume dienten, gegen neue auszutauschen. Eines Tages nahm er sechs Kerzen aus dem Vorrat der Anstalt an sich und versteckte sie in seinem unverschlossenen Koffer in einer Rumpelkammer. Selber spricht Karl May von Talgresten, die er an sich genommen hatte und in den Weihnachtsferien mit nach Hause nehmen wollte, um den Angehörigen damit eine Freude zu bereiten. Unglücklicherweise wurde dieser Vorgang jedoch von zwei Mitschülern entdeckt, die den angelegten Vorrat im Koffer fanden und das Sichergestellte übergaben. Die Mitteilung an die Seminarleitung unterblieb einstweilen. Das änderte sich erst im Rahmen einer Untersuchung, die den Diebstahl zweier Thaler aufzuklären versuchte. Jetzt wurde auch Mays ‚Kerzendiebstahl' der Seminarleitung zur Kenntnis gegeben. Damit schien auch der Gelddieb ermittelt zu sein. Die Seminarlehrer traten zu einer Konferenz zusammen, in der May Rede und Antwort zu stehen hatte. Ein Bericht gibt Auskunft: Mays Einlassung ‚er habe die Rückgabe nur vergessen', wurde verständlicherweise kein Glauben geschenkt. Zur Beurteilung des

Falles zogen die Pädagogen das bisherige Verhalten des Seminaristen heran.

Man urteilt streng und wirft den Zögling von der Schule. Der Schüler bittet: ‚Zwar ist mir von mehreren Seiten der Rath erteilt worden, einen anderen Beruf zu ergreifen, jedoch ist die Vorliebe für den Lehrerberuf bei mir so groß, daß es mir unmöglich ist, denselben aufzugeben. So wage ich es denn, einem Hohen Königlichen Ministerio die ganz unterthängigste Bitte vorzulegen. Hochdasselbe wolle in Gnaden geruhen, mir zu gestatten, daß ich mich entweder auf der Anstalt zu Waldenburg oder auf einem anderen Seminare des Landes fortbilden lassen dürfe, damit ich als gehorsamer Schüler und einst als treuer Lehrer im Weinberge des Herrn die That vergessen machen könne, deren Folgen so schwer auf mir und meinen Aeltern ruhen!'" Das Urteil fiel zugunsten des Auszubildenden, nur den Schulort musste er wechseln.

Am 9. September 1861 stellte sich May der dreitägigen „Schulamts-Candidatenprüfung" zum vorgegebenen Thema: „Was spricht für und gegen die Schulpflichtigkeit der Kinder von ihrem 7. Lebensjahre an". Des Nachmittags mussten die Kandidaten Entwürfe zu den für die an den beiden nächsten Tagen folgenden praktischen Prüfungen erforderlichen Katechesen und Probevorträge abfassen und einige Rechenaufgaben lösen. Der *Candidat Karl May* bestand und bewarb sich als Hilfslehrer an der Armenschule zu Glauchau. Er erhielt die Stelle und nahm Wohnung beim Materialwarenhändler Ernst Theodor Meinhold, Große Färbergasse 17. Dessen Frau Henriette erteilte der junge Pädagoge Klavierunterricht. Nun sagte der Ehemann, er hätte das Paar, als er unangekündigt das Musikzimmer betreten habe, beim Kusse erwischt. Mays Version des Vorfalls widerspricht der Meinholds, doch rät der Superintendent dem jungen Lehrer, statt einen Gerichtsprozess anzustrengen, sich eine Anstellung anderswo zu suchen. Man empfiehlt ihn der Fabrikschule der *Kammgarnspinnerei Carl Friedrich Solbrig* mit ihrer Filiale in Altchemnitz. Karl May nimmt an, und ihm wurde in der Klaffenbacher Straße 70 ein Quartier vermittelt.

Allerdings musste er sich Stube und Schlafstube mit Julius Hermann Scheunpflug, einem Expedienten der Firma Solbrig, teilen. Der zweiundzwanzig Jahre ältere Mann „hatte bisher beides allein besessen; nun wurde ich zu ihm einquartiert. Hierdurch verlor er seine Bequemlichkeit. Er hatte von seinen Eltern eine neue Taschenuhr bekommen. Seine alte, die er nun nicht mehr brauchte, hing unbenutzt an einem Nagel an der Wand. Sie hatte einen Wert von höchstens zwanzig Mark. Er bot sie mir zum Kaufe an, weil ich keine besaß; ich lehnte aber ab, denn wenn ich mir einmal eine Uhr kaufte, so sollte es eine neue, bessere sein. Freilich stand dies noch in weitem Felde, weil ich zuvor meine Schulden abzuzahlen hatte. Da machte er selbst mir den Vorschlag, seine alte Uhr, wenn ich in die Schule gehe, zu mir zu stecken, da ich doch zur Pünktlichkeit verpflichtet sei. Ich ging darauf ein und war ihm dankbar dafür. In der ersten Zeit hing ich die Uhr, sobald ich aus der Schule zurückkehrte, sofort an den Nagel zurück. Später unterblieb das zuweilen; ich behielt sie noch stundenlang in der Tasche, denn eine so auffällige Betonung, daß sie nicht mir gehöre, kam mir nicht gewissenhaft, sondern lächerlich vor. Schließlich nahm ich sie sogar auf Ausgängen mit und hing sie erst am Abende, nach meiner Heimkehr, an Ort und Stelle. Ein wirklich freundschaftlicher oder gar herzlicher Umgang fand nicht zwischen uns statt. Er duldete mich notgedrungen und ließ es mich zuweilen absichtlich merken, daß ihm die Teilung seiner Wohnung nicht behage."

Die Weihnachtsferien beginnen. Am 23. Dezember geht May direkt von der Schule zur Bahn und fährt nach Hause; die Uhr nimmt er mit. Auf dem Hohensteiner Markt wird er Heiligabend verhaftet. Er soll die Uhr, eine Tabakspfeife und eine Cigarrenspitze seinem Zimmergenossen gestohlen haben. May ist bestürzt: „Ich beging den Wahnsinn, den Besitz der Uhr in Abrede zu stellen; sie wurde aber, als man nach ihr suchte, gefunden. So vernichtete mich also die Lüge, anstatt daß sie mich rettete; das tut sie ja immer; ich war ein – – – Dieb!"

Anzunehmen ist, dass Karl May wegen „widerrechtlicher Benutzung fremder Sachen" nach Artikel 330, Abs. 3 StGB verurteilt wird, und zwar zur Höchststrafe: sechs Wochen Gefängnis. Gnadengesuche werden abgelehnt. Er sitzt die Strafe im Brett- oder Breiten Turm zu Chemnitz ab. „Es war, als ob ich aus jener Zelle, in der ich sechs Wochen lang eingekerkert gewesen war, eine ganze Menge unsichtbarer Verbrecherexistenzen mit heimgebracht hätte, die es nun als ihre Aufgabe betrachteten, sich bei mir einzunisten und mich ihnen gleichgesinnt zu machen. Ich sah sie nicht; ich sah nur die finstere, höhnische Hauptgestalt aus dem heimatlichen Sumpf und den Hohensteiner Schundromanen; aber sie sprachen auf mich ein; sie beeinflußten mich. Und wenn ich mich dagegen sträubte, so wurden sie lauter, um mich zu betäuben und so zu ermüden, daß ich die Kraft zum Widerstand verlor."

Bd. X. — 289 — Stück 50.

Redacteur: E. Berndt, Referendar u. Gendarmerie-Secretär im K. Ministerium des Innern.

Königl. Sächs. Gendarmerieblatt.

Dresden, den 21. December 1864.

Preis: bei der Redaction halbjährl. 1 Thlr. pränum. u. portofrei; alle geeignete Insertionen werden gratis aufgenommen.

19) **Unbekannter.** Alter: ca. 26 J.; Größe: 72"; Haare: blond; Bart: kurzer dünner Backenbart; Gesicht: hager, länglich; Kleidung: dunkler kurzer Ueberzieher, seidne Mütze u. türkisches Shawltuch. Derselbe, welcher eine Stahlbrille getragen hat, hat am 16. huj. in einer hiesiger Pelzhandlung sich betrügerischer Weise die unten näher beschriebenen Pelze und Pelzkragen (Werth über 100 Thlr.) erschwindelt. — Der eine Pelz, bereits etwas getragen, von naturellem Bisam mit russisch-grünem Tuche überzogen, am Kragen etwas fettig, inwendig mit einer Seitentasche versehen, in welcher mit gelber Seide sich zwei halbe Buchstaben eingenäht befinden; der andere Pelz, gleichfalls von naturellem Bisam und mit russisch-grünem Ueberzuge, ist vollständig neu, hat inwendig eine mit schwarzem Kattun gefütterte Seitentasche, Schnurenhenkel zum Zuknöpfen u. ist auf der rechten Vorderseite mit 2 Knöpfen versehen. Die beiden Frauenpelzkragen sind ebenfalls von naturellem Bisam, elffellig gesteppt u. haben braunes Futter. — Wir bemerken, daß sich der Schwindler am 16. h. m. mit dem um 3 Uhr nach Leipzig gehenden Eisenbahnzuge von hier entfernt hat, und bitten um thunlichste Mitwirkung zur Entdeckung des Diebes u. Wiedererlangung der Pelze. Stadtpol.-Beh. Chemnitz, den 19/12. 64.*)

*) Der Schwindler ist jedenfalls identisch mit dem nach Bd. X., S. 267, Nr. 20, u. S. 280, Nr. 22 in Döbeln auf gleiche Weise aufgetret. **Unbekannten**, angeblich Geschäftsreisenden für Kriebitzsch in Chemnitz. D. Red.

Noch unbekannt

Kennst Du die Nacht, die auf den Geist dir sinkt,
Daß er vergebens um Erlösung schreit,
Die schlangengleich sich ums Gedächniß schlingt
Und tausend Teufel ins Gehirn dir speit?
O sei vor ihr ja stets in wachen Sorgen,
Denn diese Nacht allein hat keinen Morgen!
Karl May: Winnetou II (1893)

Als Lehrer hat er Berufsverbot, es folgten Diebstähle und Hochstapeleien. Sie brachten Karl May in die Gefängnisse zu Zwickau und Waldheim. Er war alldort Bibliotheksverwalter und las Reiseberichte, Groschenhefte und Romane und erdachte sich Figuren, die die Weltliteratur bereichert haben.

Karl May: Ich, Radebeul [16]1916.
Hans Wollschläger: Karl May – Grundriß eines gebrochenen Lebens, Reinbek 1965.
Erich Loest: Swallow, mein wackerer Mustang, Berlin 1980.
Gerhard Klußmeier, Hainer Paul: Karl May und seine Zeit, Bamberg/Radebeul 2007.
Christian Heermann: Winnetous Blutsbruder, Bamberg/Radebeul 2012.

Kitsch as Kitsch can

Deutschlands meistverkaufte Schriftstellerin: Hedwig Courths-Mahler

Wenn es die Courths-Mahler nicht gäbe,
hätte man sie erfinden müssen.
Bertolt Brecht

Hedwig Courths-Mahler ist Deutschland Inbegriff der Liebesschnulzen, Ikone des Schundromans. Literaturkritik und -wissenschaft unterscheiden künstlerische Texte: „Trivialliteratur stellt im Dreischichtmodell neben Hoch- und Unterhaltungsliteratur die untere Ebene dar. Mit dem Begriff, lat. trivialis, ist ‚gewöhnlich' gemeint. Gedanken, Bemerkungen, Worte, Weisheiten oder Thesen ohne Ideengehalt bezeichnet man deshalb auch als ‚trivial'. Im Gegensatz zu den anderen zwei Formen literarischer Texte wird Trivialliteratur als allgemein verständlich und leicht zu erfassen gewertet. Man kann auch von Schemaliteratur, Massenliteratur oder Paraliteratur sprechen, weil Trivialliteratur in der Regel große Themen behandelt wie Liebe, Tod, Abenteuer, Verbrechen, Familie oder Krieg. Dabei wird die Verständlichkeit und Emotionalität der Sprache so strukturiert, daß eine möglichst große Leserschaft angesprochen wird. Es werden z. B. Gut und Böse deutlich vermittelt sowie vorgeprägte Denkweisen, Erfahrungen und Erwartungen bedient. Man kann deshalb auch von Heile-Welt-Literatur sprechen, während man bei Hochliteratur von kritischer Literatur spricht."

Ernst zu nehmen ist solch Regalfachdenken nicht. Bücherbestenlisten erstellen sich aus Verkaufs- und

Leserzahlen. Preisgeehrte Belletristik erlangt selten Lesergunst. Und vermeintliche Weltliteratur verstößt en masse gegen die hohen akademischen Prämissen: Friedrich Schiller: „Der Geisterseher“ (1787), Charles Dickens: „Weihnachtsgeschichte“ (1843), Charlotte Brontë: „Jane Eyre“ (1847), Norbert Jaques: „Dr. Mabuse“ (1921), Thomas Mann: „Die Bekenntnisse des Hochstaplers Felix Krull“ (1954), Juli Zeh/Simon Urban: „Zwischen den Welten“ (2023). Und ohne Zweifel gehören zum anerkannten literarischen Kanon triviale Werke: Marie von Ebner-Eschenbach: „Krambambuli“ (1896), Agatha Christie: „Mord im Orient-Express“ (1935), Stephen King: „Carry“ (1974) und J. K. Rowling: „Harry Potter und der Stein des Weisen“ (1997).

Hedwig Courths-Mahler war sich der Einordnung ihres Kunstschaffens sehr bewusst: „Trivialliteratur lesen ist wie Patiencen legen. Wir möchten nicht in erster Linie merkwürdige Umstände oder Menschen kennen lernen, sondern wir wollen, dass das Spiel möglichst glatt aufgeht. Keine Karte soll übrig bleiben; die Autoren sollen uns aber auch um keine Verwicklung, die vom Schema vorgesehen ist, betrügen. Das ist weder utopisch noch reaktionär, es ist schlicht ein Spiel.“ Der literarische Stellenwert einer Hedwig Courths-Mahler bleibt umstritten. Kritiker schmähten und schmähen sie als Kitsch-Minna, Schmachtfetzen-Rhapsodin und Kotz-Malheur. Sie gab Anlass zu Neid und Häme und vielen Parodien.

Es war einmal ein Mädchen,
Die war so jung und rein,
Doch war sie nicht vermögend,
Was nützt da Jungfrau sein.

Sie war Maschinenfräulein
In einer Wäschefabrik,

Sie wollten so viele haben,
Doch keiner hatte kein Glück.

Der Sohn vom reichen Besitzer,
Das war ein jungschöner Mann,
Dem hatte das arme Mädchen
Es ebenfalls angetan.

Er liebte sie auch, doch o Schicksal,
Er ward einer andern vermählt.
Er liebte das arme Mädchen,
Sein Vater aber das Geld.

Das arme Mädchen, es weinte
Sich schier beide Augen aus.
Sie wollte Selbstmord begehen,
Das Leben war ihr ein Graus.

Schon stand sie auf einer Brücke,
Schon fiel sie ins Wasser hinein.
Da zog ein reicher Millionär
Sie heraus am linken Bein.

Und als sie die Augen aufschlug,
Da küsste er sie auf den Mund.
„Mein liebes gutes Mädchen,
O werde wieder gesund."

Und als sie gesund geworden,
Da fiel er vor ihr auf die Knie.
Und hielt um ihre Hand an
Und heiratete sie.

Louis Fürnberg: Courths-Mahleriana

Der Erfolg von Hedwig Courths-Mahler und ihre Auflagenstärke sind allerdings nur vergleichbar mit denen eines Karl May. Er ist ohne Chemnitz nicht zu denken, genauso wie sie. Ihr Lebenslauf gleicht dem einer ihrer Heldinnen: vom verstoßenen Kind zur Millionärin.

Am 18. Februar 1867 erblickte Ernestine Friederike Elisabeth Mahler in Nebra unehelich das Licht der Welt. Die Mutter heiratet, der Stiefvater akzeptiert die Kinder nicht. Pflegeeltern quälen sie, bis Ernestine und zwei ihrer Brüder zum Schusterehepaar Birkner kommen. Der Pflegevater erzählt den Kindern gern Geschichten, Ernestine schreibt sie auf. Als ein Wanderzirkus „Hedwig, die Zigeunerprinzessin" aufführt, ändert Ernestine ihren Namen: Hedwig will sie fortan heißen.

Die Mutter ist nach ihrer Scheidung nach Leipzig umgezogen und verdient vermutlich als Prostituierte dort Geld. Als Hedwig zwölf, holt sie die Mutter als Haushaltshilfe aus ihrem „Kindheitsparadies". Um 1883 pflegte Hedwig Mahler eine gelähmte Familienpatriarchin und las ihr aus der „Gartenlaube" vor. Die Aufstiegsgeschichten der vermeintlichen „Kitschpostille" wurden Hedwig Inspiration und literarisches Vorbild. Nach dem Tod der alten Dame, verkaufte die junge Frau im *Seidenbänder- und Weißwarengeschäft* der *Gebrüder Roßmäßler* in Leipzigs Altem Rathaus. Dem Laden gegenüber malte Fritz Courths Plakate, bald tauschten die beiden schmachtende Liebesbriefe. „Mit 18 Jahren verlobte ich mich in Leipzig. Kurz zuvor hatte ich heimlich, unter einem Pseudonym, mein erstes Epos in die Welt geschickt. Es wurde gedruckt, und als das Honorar dafür eintraf, wusste meine Mutter nicht, ob sie schelten oder sich freuen sollte."

Am 5. (oder 8.) Januar 1889 geben sich Ernestine Mahler und Fritz Courths in der Thomaskirche zu Leipzig das Eheversprechen. Die frisch Vermählten ziehen nach Halle/Saale, wo ihnen die Töchter Margarete und Elfriede geboren werden – beide später ebenfalls Schriftstellerinnen. 1893 kommt die Familie nach Leipzig zurück. Fritz Courths entwirft er-

Mutter Hedwig mit den Töchtern um 1893

folgreich Modelle für ein Textilunternehmen, daraufhin wirbt ihn 1904 die Firma *Cohrs & Michaelis* nach Chemnitz ab.

Alsbald bewegen sich die Courths in besseren Kreisen. Auf einem der Dinners spricht Hedwig ein distinguierter Herr an: „‚Schöne Frau!' (Das mir!) ‚Wissen Sie, dass Sie Dichteraugen haben?' Der Spott reizte mich. Ich wurde rot und trotzig und stieß hervor: ‚Ich schreibe ja auch!' Er war überrascht: ‚Der Tausend! Das muss ich zu lesen bekommen.' Natürlich sträubte ich mich, diesem Spötter meine geliebte Arbeit auszuliefern, aber er ließ mir keine Ruhe, und ich sagte zu. Am anderen Tag brachte ich ihm meine Arbeit ‚Licht und Schatten'. Am nächsten Tag rief man mich ans Telefon. Mein Herr Spötter war am Apparat: ‚Kleine Frau, Sie haben mir eine schlaflose Nacht bereitet. So etwas von Fehlern in einem Ma-

Salon von Cohrs & Michaelis *auf der Pariser Weltausstellung 1900, ausgestattet mit den Fabrikaten der Chemnitzer Firma, darunter Seidenstoffe mit Blumenmuster*

nuskript, habe ich noch nicht erlebt. Und zweiseitig beschrieben! Sind Sie von allen Göttern verlassen? Aber: Spannung und Herz! Wir bringen den Erstdruck!' Schrumm! Schon wollte ich beglückt abhängen, da rief er nochmals zurück: ‚Halt! Wir brauchen einen schwungvollen Namen. Denn ich habe das Gefühl, eben einen Stern geboren zu haben. Aber auch einen Namen muss das Kind haben.' Darauf ich, schnippisch: ‚Meine Arbeit soll unter meinem Namen erscheinen!' ‚Prachtvoll. Stolz lieb ich den Spanier! Was sind Sie für eine Geborene?' ‚Mahler.' ‚Na, also, das klingt gut: Hedwig Courths-Mahler.' Und das, meine lieben Leser, war meine Taufe."

Der Herr, dem sie begegnet war, hieß Paul Hermann Hartwig und war der Feuilletonchef des „Chemnitzer Tageblatts". In seiner Zeitung erschien in 18 Fortsetzungen Hedwig Courths-Mahlers erster Roman vom 26. Februar bis zum 18. März 1904. 250 Mark betrug ihr Honorar. Das Inkognito der Autorin blieb gewahrt, denn weder Hedwig noch Mahler waren der Gesellschaft bekannt. Die Chefredaktion des Tageblatts allerdings war vom Fortsetzungsroman wenig begeistert, das Lesepublikum umso mehr. Das Konkurrenzblatt, die „Allgemeine Zeitung", bot der Autorin das Doppelte an Honorar und druckte. Mit 37 schreibt Hedwig Courths-Mahler sehr erfolgreich Zeitungsromane, die ob Sujet und Happy End bald als Dienstmädchenliteratur verschrien werden. Erstmals in Buchform erschien ihr Roman „Lena Warnstetten" im Kriegsjahr 1916 und wurde auch von den Soldaten an der Front gelesen. Der Erfolg war unaufhaltsam. Bereits 1917 wurde „Die wilde Ursula" verfilmt. Courths-Mahler wurde als Hörspiel bearbeitet und dramatisiert. Sie gelangte weltweit auf Bühnen und ins Fernsehen. Über 200 Romane verfasste die Autorin, sie erschei-

Ein richtiges Buch

nen bis heute in steter Folge in Liebhaberausgaben gebunden, illustriert, in Heftform gekürzt, in Großschrift gut lesbar – und machten die Autorin zur erfolgreichsten der deutschen Sprache.

„Die modernen Schriftsteller geben dem Volk nicht, was es haben will. Sie öden die Leute mit ihrem eigenen Elend und ihrer Wirklichkeit an, sie wollen das Volk ertüchtigen, ihm jede Poesie, jedes Märchenhafte wegnehmen. Das fühlt das Volk, es will etwas anderes haben, es will keine Realistik, kein Grauen. Ich muss meinen Leuten etwas bringen, wodurch sie aus allem Elend befreit werden, das ist das Geheimnis meines Erfolges. Das gute Ende ist ein unerhörtes Glück im Leben, dass es so gut wie gar nicht eintrifft, aber weil meine Leute sich an die Hoffnung klammern, lasse ich es immer gut ausgehen. So schlimm, wie das Leben ist, kann man es gar nicht schildern. Alle wollen das Volk mit Kaviar füttern, das Volk sagt, das ist 'ne Schmiere, Heringsrogen ist dasselbe. Ja, lieber Gott im Himmel, unsere Zeit ist so arm an Idealen, was ist das ganze Leben ohne Poesie und Ideale? Ich lehre die Leute erst Lesen; wenn sie das gelesen haben, was ich schreibe, wagen sie sich an ein besseres Buch, an literarische Sachen. Es gibt so viel Literatur und so wenig Leute, die fürs Volk schreiben, gäbe es mehr, hätte ich selbst nicht den großen Erfolg."

Auch wenn es heute eine Literaturschickeria anders sehen möchte: Für Frauen ihrer Zeit war Hedwig Courths-Mahler revolutionär. Soziale Not und Krieg sind Themen. Ihre Heldinnen sind charakterstark und wirtschaftlich selbstständig, keinem Manne untertan. Den Geliebten befreien sie aus den Fängen von Betrüger- und Erbschleicherinnen. Sie kämpfen um ihre Liebe und gewinnen. Das ist die Umkehr der gesellschaftlichen Konvention. So ist Hedwig Courths-Mahlers Œuvre zweifellos ein Beitrag zur Emanzipation der Frau.

Siegfried M. Pistorius: Hedwig Courths-Mahler, Bergisch Gladbach 1992.

Andreas Graf: Hedwig Courths-Mahler – Ihr Leben, München 2000.

Manfred Schreiber: Die Hedwig Courths-Mahler, Göttingen 2019.

Hans Reimann (als Hedwig Courths-Mahler): Schlichte Geschichten fürs traute Heim (Parodie), Leipzig 1922.

Hausaufgaben für Giganten

Herbert Esche verpflichtet Stardesigner und Malergenie

„Die meisten Genies sind unintelligent, die gewaltige Beanspruchung eines eminenten Organs stumpft die übrigen ab. Van de Velde hat die enorme Gabe eines außerordentlichen Intellekts. Ganz gewiss ein großes Genie, in unserer Bewegung das größte, was nicht viel heißen will, und sicher eine Äußerung, die über alle Zeiten hinwegwandern wird, was mehr sagt: aber eine mindestens ebenso große Intelligenz zugleich, und das ist eine alleinstehende Erscheinung. Andere sind Instinkte, Traumgenies, Ausnahmewesen, die die Psychologen auf die Pathologie gebracht haben; dieser ist ganz bewusst; ein Mensch, der von seiner abnormen Begabung weiß und den abnormen Willen hat, alle Schätze seines Reiches auszunützen. Dieser Zweiheit, die allein dem Nutzkünstler zur Einheitlichkeit verhilft, wird man immer wieder bei van de Velde begegnen. Man wird immer wieder von diesem Künstler überrascht werden und immer wieder von einer geradezu eisernen Reflexion getroffen werden, die durch ihre äußerste Folgerichtigkeit selbst den, der den modernen Geschmack und moderner Kunst abgeneigt ist, zur Anerkennung zwingt. Beides ist untrennbar; man ist selbst bei den anscheinend freiester Eingebung überlassenen, rein ornamentalen Schöpfungen van de Veldes versucht, einen logischen Nachweis zu ergründen“, schrieb die Zeitschrift „Dekorative Kunst“ im Sonderheft 1899, das dem Chemnitzer Fabrikantensohn Herbert Eugen Esche in die Hände fiel. Van de Veldes Inneneinrichtungen hatten in Paris für einen veritablen Skandal gesorgt. Herbert Esche begegnete kurz darauf dem Künstler und bat ihn, seine Wohnung in Chemnitz einzurichten.

Strumpffabrik von Moritz Samuel Esche in Limbach, *1855*

Herbert Eugen Esche war Sproß einer alteingesessenen sächsischen Unternehmerdynastie, die sich bis ins 17. Jahrhundert zurückverfolgen lässt. Vorvater Johann Esche gilt als Erfinder der sächsischen Strumpfwirkerei, konstruierte den ersten Webstuhl im Lande und produzierte teuren Stoff vornehmlich für Herrenkleidung. Fortfolgend erweiterten die Esches ihre Angebotspalette. Ihr Textilbetrieb in Limbach „zählte 1831 bereits 450 Meister mit 830 im Gang befindlichen Stühlen; seit jener Zeit aber hat sich deren Zahl bedeutend vermehrt. Die Haupterzeugnisse sind Strumpfwaaren aller Art, als: Strümpfe und Socken, Handschuhe, Unterhosen und Jacken, Mützen, Hauben und dergl. in Baumwolle, Wolle und Seide und es finden diese nach allen Gegenden Deutschlands und überhaupt ziemlich nach allen Ländern Europas, sowie nach Nord-

und Südamerika, Australien, Ostindien und Afrika ihren Absatz. Messen werden nie besucht." Neben der Herstellung von Textilien entwickelte und baute Esche auch seine dafür notwendigen Maschinen

Eschefabrik in Chemnitz

weiter selbst. 1870 verlegte die Geschäftsführung den Firmensitz in die verkehrstechnisch besser angebundene Industriestadt Chemnitz. In der Goethestraße 98 fuhr die Eisenbahn ins Werk. Noch heute prägt der spitze Turm des Fabrikgebäudes den Stadtteil Kapellenberg.

Herbert Eugen Esche wurde 17. Juli 1874 in Chemnitz geboren, die Unternehmerfamilie residierte angemessen in der Stollberger Straße 18b. 1898 trat er in die väterliche Firma ein. 1899 heiratete er die Fabrikantentochter Johanna Luise Koerner. Nach dem Tode seines Vaters Eugen Esche 1902 übernahm Herbert Eugen mit seinem Bruder Fritz Eugen die Geschäfte. Seit je war der junge Mann an Kunst und der Moderne interessiert und begegnete Henry van de Velde. Der belgische Innenarchitekt hatte sich mittlerweile einen Namen gemacht und erinnert sich: „Auch in Deutschland wuchs die Zahl meiner Auftraggeber. Unter ihnen befand sich der junge Herbert Esche, mit dem ich Zeit meines Lebens freundschaftlich verbunden geblieben bin. Er setzte sich als einer der ersten schriftlich mit mir in Verbindung. Anhand eines Grundrisses der Wohnung, die er nach der Rückkehr von einer Reise nach Südamerika mit seiner jungen Frau beziehen wollte, hatte ich die Einrichtung zu entwerfen, da Herberts Schwiegervater, ebenfalls ein Industrieller, großzügig die Kosten übernahm. Ich hatte völlig freie Hand und konnte aus dem Vollen schöpfen." Herbert Esche nebst Ehefrau bezog die Wohnung Kastanienstraße 56, II. Stock. „Rasch freilich wird dem jungen Ehepaar der Widerspruch zwischen dem gutbürgerlichen Mehrfamilienhaus, in dem sie Mieter sind, und ihrer avantgardistischen Einrichtung zu stark. Sie beauftragen den Architekten, eine Villa zu entwerfen und diese komplett nach seinen Vorstellungen zu gestalten – inklusive Geschirr, Teppichen, Vorhängen, bis hin zur Tabakspfeife des Hausherrn und dem Kleid seiner Frau." Henry van de Velde schrieb damit Kulturgeschichte. Die Villa Esche nebst Interieur gehört zu den international bekannten Kulturadressen der Stadt.

Herbert Esche 1898

„Entwurf und Bau der Villa Esche in Chemnitz wurden schließlich 1902/1903 van de Veldes erstes architektonisches Auftragswerk in Deutschland. Die geradlinige und funktionale Gestaltung dokumentiert seine rationale Auffassung des Jugendstils. Der Idee des Gesamtkunstwerkes gemäß umfasste sein Entwurf alle Bereiche des Wohnumfeldes der Familie: von Fassade und Raumanordnung über Wandgestaltung, Wandbespannung, Türen, Fenster, Lampen und Teppiche, Mobiliar, Porzellan, Silber, Brieföffner und Reisedecke im Auto – bis hin zu Kleidern und Schmuck für die Dame des Hauses. Darüber hinaus bezog der Belgier den großzügig angelegten Garten funktionell und gestalterisch in das Gesamtkonzept des Hauses ein." Bis zu diesem Auftragswerk hatte van de Velde Malerei studiert und als freier Künstler gearbeitet, „ehe ihn die konkreten

Das Gesamtkunstwerk

Umsetzungen seiner Ideen immer stärker zu interessieren begannen. Deshalb wandte sich van de Velde der Architektur und der angewandten Kunst zu und war bald maßgeblich an der Entwicklung der europäischen Moderne beteiligt. Als Architekt war er Autodidakt, aber als Gestalter ein begnadeter Profi. So konnte er mit seinem Team die Villa Esche als veritables Gesamtkunstwerk entfalten - eine Vision, wie sie später prägend für die universellen Konzeptionen des Bauhauses wurde."

Die Esches waren begeistert, und diese Begeisterung trugen sie weiter: Esches Schwiegervater, der Chemnitzer „Kommerzien- und Stadtrat Theodor Koerner sen., Inhaber der Tintenfabrik Beyer, beauftragte Henry van de Velde 1908 mit einer neuen Einrichtung der Halle seiner im Neorenaissancestil gebauten Villa Quisisana". Schwager Theodor Koerner jun. bat van de Velde um den Bau seines Familienhauses, der Villa Koerner, auf dem Gartengrund-

Herbert Esche rechts mit Henry van de Velde und Esches Sohn Hans Herbert neben der Villa, um 1906

stück neben der väterlichen Fabrik: „Die Merkmale der persönlichen Formensprache sind ganz ins Architektonische umgesetzt." Kunst am Bau.

In Gesprächen empfahl Henry van de Velde den Esches einen ihm bekannten Maler: Edvard Munch. Van de Velde hatte vom Künstler seine Kinder portraitieren lassen. Die Esches waren beeindruckt. Johanna Esche lud Munch zu gleicher Arbeit nach Chemnitz ein, der antwortete: „Mein besten Danke für Ihre freundliche Brief whelches mich sehr erfreut habe. Ich male Kinder gern alz ich Kinder sehr liebe und werde ich sehr gern Ihr Auftrag annehme und werde es mir dann ein grosze Freude machen, Ihr Haus zu besuchen – Ich male ziemlich schnell aber brauche einige Tagen um die Modellen zu studieren. Entschuldigen Sie bitte dasz ich nicht die deutsche Sprache mächtig bin." Im Oktober 1905 traf Malergenius Munch in der Villa Esche ein. Er erschien plötzlich „in abgetragenem Anzug, ohne Ge-

Esche von Munch gemalt, 1905

päck. Es wurden ihm Salon, Schlafzimmer und Bad zur Verfügung gestellt. Die Flasche Kognak auf dem Nachttisch war jeden Morgen leer." Der Künstler schwieg, verschwand und blieb verschwunden. Die Polizei erfuhr: „Ein fremder Mann säße in der Kneipe und habe drei Tage lang alle Gäste eingeladen, schulde Geld und würde nicht freigegeben. Herbert Esche löste ihn ein." Bilder entstanden keine. Nach drei Wochen plötzlich begann Edvard zu malen: Sechs Bilder in acht Tagen. Honorar 3.000 Mark. „Munch, seinerzeit in fragiler geistiger Verfassung, weilte schlussendlich vier Wochen im Haus der Familie Esche und bezeichnete dieses bei seiner Abreise im Gästebuch der Familie liebevoll als Heilanstalt Parkstrasse." Dieser Monat und Munchs Zustand bei seiner Abreise hinterließen bei den Esches einen nachhaltigen Eindruck. „Meine Frau und ich haben heute öfters an Sie gedacht. Sie kamen uns vor wie so ein armer, verlassener Mensch, der von Hof und

Herd vertrieben ist und nicht recht weiß, wo er sein Haupt hinlegen soll. Auf der anderen Seite ist es aber vielleicht recht gut, dass Sie wieder auf eigenen Füssen stehen und selbst für sich sorgen müssen." Der Künstler antwortete: „Lieber Herr Esche! Mein herzlichsten Dank an Ihnen und Frau Gemahlin für die schone Aufenthalt in Parkstrasse - Ich glaubte dasz meine Nerven schon gut war als ich mich so wohl fühlte."

Die Geschäfte laufen weiter wie die Wirkmaschinen. Johanna Esche verstirbt - kaum 32-jährig - 1911. Der Zweite Weltkrieg zerstört Gebäude der Fabrik, die Villa Esche nimmt keinen Schaden. Doch ist in der sowjetischen Besatzungszone für Herbert Esche kein Verbleiben. Im Oktober 1945 verlässt er seine Heimatstadt und zieht zur Tochter nach Küsnacht in die Schweiz. Dort stirbt er am 18. Juli 1962. In der Villa Esche residiert bis 1947 die sowjetische Militärkommandantur, danach bewohnt sie kurzzeitig Herbert Esches Sohn. Von 1952 bis 1964 nutzt das Designer-Haus das Ministerium für Staatssicherheit, dann wird es Fortbildungsstätte der Handwerkskammer des Bezirks Karl-Marx-Stadt. Im vereinten Deutschland steht die Villa leer. 1998 erwirbt sie die Grundstücks- und Gebäudewirtschaftsgesellschaft Chemnitz mit dem Ziel, „die Villa Esche für eine denkmalgerechte öffentliche Nutzung zu bewahren". Der vormalige Zustand des Hauses war gut dokumentiert, denn „Esche war selbst begeisterter Hobbyfotograf. Dadurch sind viele Bilder von Details erhalten geblieben. So konnte ein Expertenteam die Villa originalgetreu wiederherstellen." Seit 2001 ist die Villa Esche für Publikum geöffnet. Die Mehrzahl der Munch-Bilder befindet sich als Dauerleihgabe der Herbert-Eugen-Esche-Stiftung im Kunsthaus Zürich.

Herr Schmidt macht sich einen Namen

Müllersohn malt stilsicher neuen Stil: Karl Schmidt-Rottluff

Manche meinen, Karl Schmidt-Rottluff sei der einzige Sohn der Stadt Chemnitz, der es je zu Weltgeltung gebracht habe. Zu sehen sind seine Bilder in den bedeutendsten Galerien der Welt: Das *MoMa* in New York zeigt „Häuser bei Nacht" (1912), in der *Tate Gallery*, London, ist neben „Zwei Frauen" (1912) und einer „Frau mit Tasche" (1915) das „Portrait Rosa Schapire", einer Kunstmäzenin (1919), zu sehen, stolz präsentieren die Kunstsammlungen in Saarbrücken, Hamburg, Chemnitz, Berlin und Mannheim die Schmidt-Rottluffs. Die Dresdner *Galerie Neue Meister* erwarb von der Familie des Künstlers 1972 das Gemälde, Öl auf Leinwand, 87,5 cm × 101 cm „Landschaft in Rottluff" (1921) und versah es mit der Inventarnummer: 3824. Der Katalog beschreibt: „Die zum Horizont verlaufenden Linien von Dachfirst und Straße sind voller Sogwirkung, just auf diesen Fluchtpunkt gehen auch die Spaziergänger zu. Deutlich voneinander abgesetzt sind die übrigen Häuser, Bäume und Figuren im statischen Nebeneinander wohl verteilt. Inmitten der erdigen Rot-, Braun-, Ocker- und Grüntöne leuchtet das klare Blau des Weges hervor. Farbiger Höhepunkt der kleinen Bilderzählung mit friedlichen Spaziergängern im Dorf ist das aufstrahlende Orange eines Haarschopfs auf der leuchtend blauen Straße. Der Maler hatte ein solches Farberlebnis 1921 offenbar während eines Weihnachts- oder Neujahrsaufenthalts in seinem vor Chemnitz gelegenen Heimatdorf Rottluff und hielt es auf einer Postkarte fest, die er an Lyonel Feiningers Frau Julie sandte. Etwa mit Beginn des Ersten Weltkriegs war aus Schmidt-Rottluffs Palette das Pathos der reinen Farben zugunsten einer verhalteneren Farbigkeit aus gemischten Tönen gewichen. Die Gegenstandsform ist in dem Gemälde von 1921 nicht mehr mit der Farbe selbst, sondern durch die Kontur definiert und von verlaufenden Farben ausgefüllt. In der Dorfszene ist die menschliche Figur nun in die Landschaft eingebunden. Ein verändertes Verhältnis des Malers zu der ihn umgebenden Wirklichkeit wird spürbar.“

Die Mühle in Rottluff

Karl Schmidt wurde am 1. Dezember 1884 in die dörfliche Vorweihnacht des Fleckens Rottluff geboren, der seit Bestehen zur Herrschaft derer von Rabenstein gehörte und sich 1926 per Abstimmung der benachbarten Industriemetropole eingemeindete. Bereits seit 1898 war Rottluff an den Chemnitzer Nahverkehr angebunden, „entwickelte sich zur Arbeiterwohngemeinde mit Kleinwohnungsbau und Industrie". Doch Wald und Teiche bestimmten weiterhin das Ortsbild, das den Künstler prägte. Vater Friedrich Schmidt betrieb in Rottluff die Mühle, er hatte sie ein Jahr vor Karls Geburt erworben. 1913 veräußerte er sie und baute neu. Irgendwann lagen die Gebäude abseits und verfielen. Das gesamte Architekturensemble wurde auf Initiative eines Fördervereins aufwändig saniert und modernen Anforderungen angepasst und dient heute den Chemnitzer Kunstsammlungen als Außenstelle „Mühle Chtz-Rottluff": „Bei uns steht Schmidt-Rottluff im Fokus. Es geht um die Atmosphäre, die der Künstler in seiner Kindheit erlebt hat."

Die Eltern förderten das künstlerische Interesse und die musische Begabung ihres Sohnes. 1897 wechselte der Müllerjunge aufs Chemnitzer Gymnasium, Hohe Straße 25. Heute trägt die Schule den Namen Karl Schmidt-Rottluff und gab sich das Motto „Innovation aus Tradition". Dabei versteht sich das *KaSchmiR* als „Lernende Schule", an der sich - Anregungen aus der Schulgemeinde und Impulse aus dem Umfeld nutzend - die fachliche und pädagogische Arbeit stetig weiterentwickelt. Karl Schmidt gehörte zu den Aktiven, konnte sein Talent entfalten und fand Freunde unter Gleichgesinnten. Er war Mitglied der Schülervereinigung „Vulkan", die man auch „Debattierklub" nannte und die „etwa ein halbes Dutzend von Schülern der oberen Klassen mehrerer Chemnitzer Bildungseinrichtungen [vereinigte], deren Gesichtskreis über den Schulbetrieb hinausstrebte, und die vorwiegend schon selbst im Kunstbezirk tätig waren oder zumindest das Verlangen hatten, ihr Leben mit künstlerischem Fühlen und Verstehen zu durchdringen". Zu Karls Freundeskreis zählt ab 1902 Erich Heckel (1883–

1970), Sohn eines Ingenieurs aus Döbeln, mit dem ihn gleiche Interessen und Leidenschaften verbanden. Sie werden zusammenarbeiten und Kunstgeschichte schreiben.

In Chemnitz erhielt Karl Schmidt vor allem in seinem Wahlfach Kunst grundlegenden Unterricht: „Der Kunsterzieher Otto Uhlmann unterwies die Schüler der städtischen Gymnasien in Freihandzeichnen und Kunstgeschichte und machte sie mit professioneller Aquarell- und Zeichentechnik vertraut. Neben der konventionellen Arbeit nach Vorlagen – hierzu zählten auch die Bilder französischer Impressionisten – brachte er ihnen die Grundsätze der modernen englischen Aquarellisten nahe, möglichst alles nass-in-nass zu malen. Außerdem erhielt Karl Schmidt die Erlaubnis, im örtlichen Kunstverein, der Chemnitzer Kunsthütte, die ausgestellten Originale neuerer Maler zu kopieren." Dieses Nachschöpfen genügte ihm jedoch nicht. Er und sein Freund Max Unger zogen hinaus und malten, wobei es ihnen „hauptsächlich darauf ankam, mit dem Pinsel eigenartige Naturstimmungen zu erhaschen, auch wenn sich die Landschaften in gegenständlichem Betracht noch so wenig reizvoll darboten. Ein schummriges Stückchen Waldrand mit lang herabhängenden schimmeligen Bartflechten, ein fern in dieser Luft verschwimmender Zug von Baum- oder Strauchwerk genügten ihm schon damals zur Verbildlichung." 1904 durfte der Schüler Karl Schmidt, jünger als je ein Künstler vor ihm, eine Auswahl seiner Werke in der *Chemnitzer Kunsthütte* präsentieren: „Zu jener Zeit entwickelt er einen flüchtigen Pinselduktus sowie die farbig-zarte Beschreibung des Atmosphärischen."

1905 besteht Karl Schmidt die Reifeprüfung und folgt seinem Schulfreund Heckel, der ein Archi-

Bahndamm im Winter, 1905

tekturstudium an der *Technischen Hochschule Dresden* begonnen hatte. Auch Schmidt schreibt sich in dieses Fach ein. Zu Heckels Bekanntenkreis gehören bereits Ernst Ludwig Kirchner (1880–1938) aus Aschaffenburg und Fritz Bleyl (1880–1966) aus Zwickau. Sie genießen ihre Freiheit und die Nacktbadekultur an den Moritzburger Teichen. Beeindruckt sind sie von der naiven Kunst Asiens und Ozeaniens, die sie im Dresdner Völkerkundemuseum entdecken, sowie von der avantgardistischen französischen Strömung des Fauvismus mit ihren Vertretern Matisse, Derain und Braque. All das befördert ihr eigenes bildnerisches Schaffen. Bald sehen die Studenten ihre Berufung nicht mehr am Reißbrett der Architektur, sondern in der Kunst - doch nicht in der althergebrachten.

Die vier Freunde - Karl Schmidt, Erich Heckel, Ernst Ludwig Kirchner und Fritz Bleyl - gründen 1905 in Dresden ihre eigene Künstlergruppe, die im Kulturbetrieb neue Akzente setzen will. Schmidt gibt ihr den Namen „Brücke", und seinem Familiennamen fügt er fortan den seines Geburtsortes hinzu:

Das Manifest nach Kirchner

Rottluff – eine Geste, die auf sein Vorbild Emil Nolde (1867–1956) verweist, der als Emil Hansen im Dorf Nolde geboren worden war. Da eine „Brücke" verbindet, so heißt ihr Programm: „Mit dem Glauben an Entwicklung an eine neue Generation der Schaffenden wie der Geniessenden rufen wir alle Jugend zusammen und als Jugend, die die Zukunft trägt, wollen wir uns Arm- und Lebensfreiheit verschaffen gegenüber den wohlangesessenen älteren Kräften. Jeder gehört zu uns, der unmittelbar und unverfälscht das wiedergiebt, was ihn zum Schaffen draengt." Kirchner gestaltet diese Grundsätze eindrucksvoll als Holzschnitt, und damit kreieren die jungen Männer einen neuen Kunststil als adäquaten

Ausdruck ihrer Zeit: den Expressionismus. Nolde wird kurzzeitig Mitglied der „Brücke", wie auch der Zwickauer Max Pechstein (1881–1955) zu ihnen gehören wird. Den Malern der neuen Kunstrichtung folgen bald die Literaten, Film- und Theaterschaffenden.

Karl Schmidt-Rottluff meint: „Ich kenne kein ‚neues Kunstprogramm'. Ich weiß auch absolut nicht, was das sein könnte. Wenn man überhaupt von etwas Derartigem wie einem ‚Kunstprogramm' sprechen könnte, so ist das meiner Meinung nach uralt und ewig dasselbe. Nur dass Kunst sich immer wieder in neuen Formen manifestiert, da es immer wieder neue Persönlichkeiten gibt – ihr Wesen kann sich, glaube ich, nie ändern. Möglich, dass ich mich täusche. Aber von mir weiß ich, daß ich kein Programm habe, nur die unerklärliche Sehnsucht, das zu fassen, was ich sehe und fühle, und dafür den reinsten Ausdruck zu finden. Im Stillen und ganz privatim bin ich sogar der Meinung, dass sich über Kunst überhaupt nichts ‚sagen' lässt." Der Expressionismus löst Perspektiven und Proportionen auf. Seine Winkel sind spitz, seine Farben grell. Kunstkritiker Hermann Bahr erklärt warum: „Niemals war eine Zeit von solchem Entsetzen geschüttelt, von solchem Todesgrauen. Niemals war die Welt so grabesstumm. Niemals war der Mensch so klein. Niemals war ihm so bang. Niemals war Freude so fern und Freiheit so tot. Die ganze Zeit wird ein einziger Notschrei. Auch die Kunst schreit um Hilfe. Sie schreit nach dem Geist. Das ist der Expressionismus." Karl Schmidt-Rottluff selbst schrieb 1919 nach seinen Kriegserlebnissen: „Ich habe nie die Kunst gemocht, die ein schöner Augenreiz war und sonst nichts, und doch merke ich elementar, dass man zu noch stärkeren Formen greifen muss, so stark, dass sie der Wucht eines solchen Völkerwahnsinns standhalten."

Bereits die Neue Sachlichkeit verzichtete auf die Extreme, der Faschismus merzte sie aus. Fast alle expressionistischen Künstler - auch die „Brücke"-Maler - fielen unter das Verdikt „entartet". Man erkenne in diesen Werken, dass sie „von minderwertigen und geisteskranken Menschen geschaffen" worden seien, weshalb die Bilder aus den Galerien entfernt, verkauft, vernichtet wurden, und das obwohl ihre Schöpfer weder dem Staat noch seinem Wirken Widerstand entgegensetzten.

Büste des Künstlers
von Richard Scheibe, 1948

Karl Schmidt-Rottluff starb am 10. August 1976 in West-Berlin.

Teekannen und Leuchten auf Weltniveau

Marianne Brandt im Sog von Moderne und Heimatvergessenheit

Das von Marianne Brandt entworfene Teeservice in minimalistischer Formensprache gilt als eine der bekanntesten Designleistungen aus den Werkstätten des Bauhauses. Vom Teeservice ist weltweit nur noch ein Exemplar in Gänze und im Original erhalten. „Die Teekanne ist sicher das Teil, das am konsequentesten nach den Formprinzipien des Bauhauses durchgestaltet wurde. Kreis, Kugel und Quadrat sind das geometrische Grundschema der Konstruktion." Auch von der Teekanne gibt es nur noch wenige Exemplare, die aus der Metallwerkstatt Marianne Brandts stammen. Sie weichen allerdings alle in der Form voneinander ab. Die Teekanne ist das teuerste Produkt des Bauhauses und erzielte einen Preis von 361.000 US-Dollar. Alle von Marianne Brandt entworfenen Alltagsgegenstände wie Lampen, Leuchten, Aschenbecher sind Meisterleis-

tungen angewandter Kunst. „Marianne Brandt ist wohl die bedeutendste deutsche Metallgestalterin. Sie bestimmte durch ihre Entwürfe wesentlich die Produktgestaltung des 20. Jahrhunderts.“ Bis heute werden ihre Entwürfe in Serie produziert, und Museen aller Welt, etwa das *MoMA* in New York, stellen sie aus.

Marianne Liebe wurde am 1. Oktober 1893 in Chemnitz geboren. Ihr Vater Friedrich Bruno Liebe war angesehener Rechtsanwalt mit eigener Kanzlei *Liebe & Ehrig*. Er war Mitglied der *Chemnitzer Kunsthütte* sowie des *Theatervereins*. Die Familie wohnte im prosperierenden Kaßberg-Viertel. Der Vater wie auch die Mutter Clara Franziska Liebe, geb. Hänel, förderten die künstlerischen Interessen ihrer drei Töchter. Mit 18 Jahren begann Marianne in Weimar ihr Studium an der *Fürstlich Freien Zeichenschule* und setzte ihre Ausbildung zur Malerin und Bildhauerin an der *Großherzoglich Sächsischen Hochschule für Bildende Kunst* daselbst fort. Ihre Lehrer waren unter anderem Hugo Flintzer, Robert Weise und Fritz Mackensen. Zu ihren Kommilitonen gehörten Otto Pankok, Otto Liebig, Hans Arp und Erik Brandt, den sie 1919 ehelichte. Im selben Jahr unterbrach Marianne Brandt das Studium und folgte ihrem Mann in sein Heimatland Norwegen, wo sie in Oslo bei den Schwiegereltern wohnten. Mehrfach unternahmen beide gemeinsame Europareisen mit längeren Aufenthalten in Paris und der Provence und folgten den Spuren großer Meister: „Die Natur existiert nicht an der Oberfläche, sie geht in die Tiefe. Die Farben sind der Ausdruck dieser Tiefe an der Oberfläche. Sie steigen aus den Wurzeln der Welt auf. Sie sind ihr Leben, das Leben der Ideen.“

Unter Rektor Walter Gropius ging die Kunsthochschule neue Wege und wurde zum *Staatlichen Bau-*

Marianne Brandt

haus Weimar: „Architekten, Bildhauer, Maler, wir müssen zum Handwerk zurück! Denn es gibt keine ‚Kunst von Beruf'. Es gibt keinen Wesensunterschied zwischen dem Künstler und dem Handwerker." 1923 setzte Marianne Brandt ihre künstlerische Ausbildung in Weimar fort. Walter Gropius hatte der Hochschule die neue Programmatik vorgegeben: „Ein Ding ist bestimmt durch sein Wesen. Um es so zu gestalten, dass es richtig funktioniert - ein Gefäß, ein Stuhl, ein Haus -, muss sein Wesen zuerst erforscht werden; denn es soll seinem Zweck vollendet dienen, d. h. seine Funktion praktisch erfüllen, haltbar, billig und ‚schön' sein." Marianne Brandt vernichtete all ihre bisherigen künstlerischen Arbeiten und begann das Studium neu. Sie erhielt Unterricht bei Josef Albers, Paul Klee und Wassily

Kandinsky. „Sie war eine der wenigen weiblichen Studierenden des Weimarer Bauhauses, die nicht in die ‚Frauenabteilung', die Weberei, gingen, sondern in die Metallwerkstatt", wo sie mit einem Aschenbecher schnell neue Design-Maßstäbe setzte.

Die bereits im Gründungsjahr eingerichtete Metallwerkstatt war eine der innovativsten und ertragreichsten Werkstätten im neuen Bauhaus. 1923 hatte deren Leitung László Moholy-Nagy als Formmeister übernommen. „Mit seltener Konsequenz wurde hier der Schritt vom expressiv-romantischen Unikat der Silberschmiede zum Industriedesign vollzogen. Als Fotograf war Moholy-Nagy vom Licht fasziniert. Es lag nahe, die Entwicklung elektrischer Leuchten, in Gropius' Sinne auch in Hinblick auf industrielle Massenfertigung, zu forcieren. Eine neue Materialästhetik integrierte kühle, distanziert wirkende Eisenmetalle, Chrom und Nickel. Funktionalität und die Betonung des technischen Charakters rückten nun in den Vordergrund, wenngleich formal die Addition stereometrischer Grundkörper erhalten blieb." Konnte bislang die Industrie an den Bauhaus-Entwürfen wenig Interesse finden, änderte sich dies 1925 mit dem Umzug nach Dessau. Auch Marianne Brandt wechselte ihren Wohn- und Studienort und wurde schnell zur inspirierenden Designerin der Dessauer Metallwerkstätte. Vor allem ihre Modelle für Decken-, Schreib- und Nachttischleuchten schrieben Designgeschichte. „Walter Gropius hatte aus wirtschaftlichen Gründen die Konzentration der Metallwerkstatt auf das Leuchtendesign angeordnet; und diese zunehmend ökonomische Ausrichtung bedingte auch das Ausscheiden Moholy-Nagys aus der Metallwerkstatt. Die Stelle des Formmeisters wurde danach nicht mehr besetzt, lediglich Marianne Brandt führte die Werkstatt kurze Zeit kommissarisch. 1929 legte der neue Direktor Hannes Meyer die Metallwerkstatt mit den Werkstätten für Wandmalerei und Tischlerei zusammen. Fortan konzentrierte man sich auf den Bau von Kleinmöbeln, die Eigenständigkeit und Bedeutsamkeit der Metallwerkstatt verloren sich."

Im selben Jahr verließ Marianne Brandt das Bauhaus und arbeitete im Architekturbüro von Walter Gropius. Sie war an der Innenausstattung der Siedlung Karlsruhe-Dammerstock beteiligt. Bis 1932 leitete sie die Entwurfsabteilung der *Ruppelwerk GmbH* in Gotha. „Die Produktlinie des Ruppelwerks war gänzlich unmodern und mit kitschigen, nutzlosen Objekten durchsetzt; zudem war die Führungsstruktur des Konzerns von starren Hierarchien geprägt. Diese nur wenig kreative Arbeitsatmosphäre frustrierte Marianne Brandt. Ihre modernen Ideen fanden keine begeisterte Aufnahme, das Ruppelwerk hielt an seinen altmodischen, überladenen Produkten fest. So schrieb Marianne Brandt in einem Brief an László Moholy-Nagy, es käme ihr nicht ungelegen, wenn auch sie von der Entlassungswelle am Ruppelwerk betroffen wäre, da sie vieles mittragen müsse, mit dem sie sich nicht identifizieren könne und zudem mit der Firmenleitung keineswegs harmoniere." Und doch gelang es ihr, die Produktpalette des Betriebs zu ändern. „Zu Marianne Brandts herausragendsten Designs für das Ruppelwerk zählt ein kugelförmiges, mattschwarzes Tintenfass aus Metall mit halbkugelförmigem Kippdeckel aus Pressglas. Auch elegante Schreibtischgarnituren oder Uhren aus Stahlblech in noch heute völlig überzeugender, sachlich-ästhetischer Formensprache können als Beispiele der ‚Bauhaus-Linie' des Ruppelwerks angeführt werden." Heute gilt Brandt als „die Industriedesignerin. Durch ihr besonderes Interesse an der funktionalen Form erweckt sie in der Industrie große Nachfrage und behauptet sich als erste Frau in einer Domäne der Männer."

Marianne Brandt entwarf nicht nur Design für Alltagsgegenstände, sie „beherrschte auch das Metier der Fotografie und schuf bis Anfang der 30er Jahre neben einer Reihe experimenteller Fotografien etwa 50 Montagen. Rund 30 davon sind heute noch erhalten. In diesen Arbeiten, die sie selbst später ‚Photomontagen' nannte, setzte sie sich ab Mitte der 20er Jahre mit gesellschaftskritischem Blick und Witz mit aktuellen Themen auseinander: wie Großstadt, Film und Ausdruckstanz; aber auch mit Krieg, Militarismus, sowie dem Geschlechterverhältnis, den ‚Neuen Frauen', zu denen sie selbst gehörte." 1933 wurden (fast) alle künstlerischen Bauhaus-Arbeiten und ihre Schöpfer als entartet eingestuft. Marianne Brandt wurde zur unliebsamen Person, auch weil sie mit einem norwegischen Kriegsfeind verheiratet war. Die Ehe zerbrach. Sie zog in Ihr Elternhaus zurück nach Chemnitz und schuf weiter Kunst, wendete sich aber wieder den erlernten Techniken ihrer Jugend zu und malte in innerer Emigration. 1939 wurde sie zwar Mitglied der Reichskulturkammer, trat aber in die NSDAP nicht ein.

Nach Nazizeit und Zweitem Weltkrieg stellte Marianne Brandt im zerstörten Chemnitz wieder aus. Sie engagierte sich im sozialistischen Kulturbund, in der Gewerkschaft, im *Verband bildender Künstler*. Von 1949 bis 1951 arbeitete sie als Dozentin an der *Hochschule für Bildende Kunst* in Dresden, danach an der *Hochschule für angewandte Kunst* in Berlin-Weißensee und geriet mit ihren Arbeiten in den „Formalismusstreit" der jungen Republik: „Im Gegensatz zur schöpferischen Methode des Realismus steht die Methode des Formalismus mit all ihren

Richtungen der abstrakten Kunst. Diese Methode ist in der Kunst die Widerspiegelung des Verfalls der bürgerlichen Gesellschaft und ihrer Ideologie in der imperialistischen Phase des Kapitalismus." Marianne Brandt reiste 1953/54 im staatlichen Auftrag nach China und übernahm die Organisation der Ausstellung „Deutsche angewandte Kunst in der DDR". Als sie in ihre Heimatstadt zurückkam, hieß diese Karl-Marx-Stadt. Die Dozentin ging in Rente, „es wurde ein zweites Mal still um sie. Diesmal bis in die 70er Jahre hinein". Marianne Brandt lebte zurückgezogen und verstarb 1983 fast vergessen in einem Seniorenheim in Kirchberg, nahe Zwickau. Ihr Grab befindet sich auf dem Friedhof St. Nicolai in Chemnitz-Altendorf.

1995 stellte die Kunstwissenschaftlerin Anne-Kathrin Weise fest: „Marianne Brandt hat fast drei Jahrzehnte bis zum Ende ihres Lebens in Chemnitz oder in deren Umgebung gelebt. Ihre großen Leistungen erfuhren keinerlei Anerkennung und Würdigung. Chemnitz besitzt kein Werk aus ihrer erfolgreichen Bauhauszeit. Sogar zu ihrem 100. Geburtstag war in regionalen Zeitungen keine Ehrung zu finden, ganz zu schweigen von der notwendigen Würdigung durch eine Ausstellung." Das hat sich geändert: Seit dem Jahr 2000 hat das Marianne-Brandt-Haus geöffnet, und aller drei Jahre wird der Marianne-Brandt-Preis ausgeschrieben als „Poesie des Funktionalen".

Marianne Brand: Brief an die junge Generation. In: Eckart Neumann (Hg): Bauhaus und Bauhäusler, Köln 1996.
Hans Brockhage/Reinhold Lindner: Marianne Brandt, Chemnitz 2001.
Ulrike Müller: Bauhaus-Frauen, in: Emma 9/19, 2009.
Anne-Kathrin Weise: Marianne Brand, Wiesbaden 2018.

Licht im Schacht

Die Bergwerker und die Literatur der Regina Hastedt

„Helden gab und gibt es zu jeder Zeit, sie sind eine anthropologische Konstante. Der Mensch braucht Helden, um seine Kleinheit, Begrenztheit und alle Defizite zu kompensieren. Dort, wo der Mensch schwach ist, ist der Held stark. Der Sterblichkeit und Endlichkeit des Menschen steht der Held mit seinem unsterblichen Ruhm entgegen.“ Nach den Jahren des Faschismus und Krieges bedurfte das neue Deutschland neuer Vorbilder und schuf sie sich. Einer, der dem Osten zur lebenden Legende wurde, hieß Adolf Hennecke. Der Bergmann war am 13. Oktober 1948 eine Stunde vor Schichtbeginn in den Oelsnitzer *Karl-Liebknecht-Schacht* eingefahren und „förderte an diesem Tag 24,4 Kubikmeter Kohle. Die Abbaustelle hatte er sich tags zuvor ausgesucht. Es unterstützten ihn zwei Lehrlinge, die die vom Förderband fallende Kohle wieder darauf warfen. Unterm Strich erfüllte Hennecke die Arbeitsnorm mit 387 Prozent. Eine bahnbrechende Arbeitsleistung“ und der Beginn der *Aktivistenbewegung* der DDR.

Diese Heldentat wurde künstlerisch verewigt in Bildern, Fotos und Skulpturen. Auch literarisch inspirierte der Aktivist und Kumpel. Die junge DDR begleiteten in ihrer Anfangsphase Romane, Dramen und Gedichte, die den neuen Menschen und den Aufbau des Sozialismus glorifizierten. Frida Hockauf gab die Parole vor: „So wie wir heute arbeiten, werden wir morgen leben!“ Schriftsteller erzählten von den „Menschen an unserer Seite“ (1951), der

Produktion von „Roheisen“ (1955) oder der LPG in „Katzgraben“ (1957). Heiner Müller sah die überdurchschnittliche Produktionsleistung des Genossen Hennecke als „Lohndrücker“ (1956/57) kritisch: „Ich wollte Ihnen nur sagen, Herr Direktor, so geht es nicht. Eine Planung, die davon ausgeht, daß die Öfen ständig ausgelastet sind, ist unverantwortlich bei dem Zustand der Öfen. Ein Zwischenfall, und wir stehen vor dem Nichts!“

Nichtsdestotrotz, die sozialistischen Themen waren gesucht und wurden gefunden. Autorinnen und Autoren schwärmten aus, die meist noch gar keine Autorinnen oder Autoren waren. Oft arbeiteten sie in den Betrieben mit und ließen sich für ihr zu schaffendes Kunstwerk von realen Vorbildern inspirieren. Dabei galt das besondere Interesse vor allem den primären Sektoren des Wirtschaftens in Kohleschächten und Kraftwerken - Erik Neutsch: „Die Spur der Steine“ (1964); Ulrich Thein: „Columbus 64“ (1966), Werner Bräunig: „Rummelplatz“ (postum 2007). Am Beginn dieser „Kumpelliteratur“ standen Regina Hastedt und ihre „Tage mit Sepp Zach“ (1959).

Der Text pendelt zwischen Belletristik und Reportage und portraitiert den Meisterhauer Josef Zach. Es ist „das Ergebnis einer fruchtbaren künstlerischen Zusammenarbeit zwischen Kumpel und Schriftsteller. Am Anfang schien es, als wären die vorhandenen Gegensätze unüberbrückbar. Zu verschieden waren die Interessen und Voraussetzungen, die einer guten Zusammenarbeit immer vorausgehen müssen. Doch nach Überwindung von Vorurteilen auf beiden Seiten, war der Bann gebrochen. Sepp Zach - mehrfacher Aktivist und Held der Arbeit - und seine Kumpel aus dem Karl-Liebknecht-Schacht hatten eine Menge zu erzählen. Und das wurde

nun aufgeschrieben. Lebendig und anschaulich beschreibt die Autorin Leben und Arbeit unserer Bergarbeiter. Das Buch ist u. a. dadurch so wertvoll, weil es die Entwicklung, den revolutionären Kampf und schließlich die sozialistische Bewußtseinsbildung der Kumpel zeigt. Die verschiedenen literarischen Mittel ausschöpfend, vermittelt die Autorin dem Leser ein abgerundetes Bild, das sich über die Zeit einer ganzen Bergarbeitergeneration erstreckt. So ging Regina Hastedt den Wegen nach, die die Arbeiter ihr geebnet hatten. Sie beweist nicht zuletzt mit dieser Arbeit, daß es möglich ist, durch die gemeinsamen Taten von Arbeitern und Künstlern dazu beizutragen, der neuen sozialistischen Nationalliteratur zu dienen. Der Schriftsteller lernt vom Arbeiter, und der Arbeiter macht sich mit allen kulturellen Werten vertraut, die unser sozialistisches Leben in so reichem Maße zu geben vermag."

Regina Hastedt war am 23. Oktober 1921 in Flöha als Tochter eines Heizers geboren worden. Sie erlernte 1936/39 den Beruf einer Fotografin und arbeitete nach Kriegsende als Journalistin zunächst für die „Volksstimme" in Chemnitz, später als Leiterin der dortigen Rundfunkaußenstelle. Sie studierte an der *Hochschule für Grafik und Buchkunst* in Leipzig sowie am dortigen *Literaturinstitut*. Ihr erstes Buch erschien 1954 und gab das bevorzugte Sujet der Autorin vor: „Ein Herz schlägt weiter" erzählt vom „Leben und Wirken des verdienten Arztes des Volkes Dr. med. Gertrud Korb". Es folgten Prosatexte und Gedichte in Anthologien und Zeitschriften wie „Heute und morgen", „Neue deutsche Literatur" und „Junge Kunst", unter anderem herausgegeben von Willi Bredel, Christa und Gerhard Wolf.

In Oelsnitz, am Ort von Henneckes Aktivistenschicht, recherchierte Regina Hastedt für ihr nächstes Buch, sie wollte literarisch reüssieren. Sie arbeitete unter Tage mit im Schichtbetrieb des *Steinkohlenwerks „Karl Liebknecht"* und begegnete dort dem „Verdienten Bergmann" Josef Zach. Durch den erlebten Produktionsprozess, den unbedingten Aufbauwillen und das Klassenbewusstsein der Genossen ändern sich Verständnis und die Weltsicht der Autorin: „Ich war nicht mehr trotzig, als ich im Henneckegeschichten-Wettbewerb gewinnen wollte, ich wollte Sepp auch nichts ‚zeigen'. Mit einem unbeschreiblichen Gefühl löste sich der letzte Rest des Egozentrums in mir auf. Nun floß ich endgültig in diesen Kraftstrom ein. So strebte ich meinem Untermann zu." Ja, mehr noch, es ist der Autorin wie eine Neugeburt ihrer selbst: „Einst hatte mich die Angst in die Tiefe des Schachtes getrieben. Stufe um Stufe führtest du mich neuen Höhen zu. Ich bin zum zweiten Mal geboren. Durch dich, mein Untermann, erblicke ich jetzt alles Licht der Welt."

Kulturminister Johannes R. Becher meinte: „Die von der kapitalistischen Ausbeutung befreite Arbeit war und ist die wichtigste Quelle für den zu schaffenden Reichtum der sozialistischen Gesellschaft, für die Veränderung des gesellschaftlichen Lebens sowie für die Herausbildung des neuen Menschen." Dem getreu gaben die „Bitterfelder Konferenzen" den „Bitterfelder Weg" in Kunst und Literatur vor. Werner Bräunig stellte fest: „Die Literatur gibt Abbilder der Welt in Bezug auf den Menschen, und sie hat dabei mit dem Ganzen mehr zu tun als mit dem Einzelnen, mit dem Ensemble mehr als dem Speziellen. Die Prosa führt Menschen in ihrer Umwelt vor, in ihrer Beziehung zur Welt, die immer auch Rückbeziehung ist, und sie tut dies in bewegten Bildern, bewegten Abbildern einer bewegten Welt." Zum Thema bei der *1. Bitterfelder Konferenz* 1959 sprach auch Regina Hastedt, denn sie erfüllte mit „Die Tage mit Sepp Zach" passgenau die Vorgaben der sozialistischen Kulturpolitik. „Ich glaube an die beflügelnde Schöpferkraft des Menschen. Man muß ihm nur Zeit lassen, in sich hineinzuhorchen und die Leidenschaft erwecken, für das große Abenteuer, das jedem beschieden ist, der nicht die Mühe scheut, sich selbst zu entdecken."

Sommer 1958: Die Partei- und Betriebsleitung des Oelsnitzer *Karl-Liebknecht-Schachts* erfüllt die Planvorgaben nicht und steht darob im Fokus übergeordneter Stellen, die die konsequente Beseitigung der Förderprobleme fordern. Doch die Kumpel un-

Die Frau hinter Sepp Z.

ter Tage sind der steten Bevormundung, Gängeleien und Normerhöhungen der Partei- und Leitungsebene leid. So fährt die Chefetage um Sepp Zach höchstpersönlich ein, greift zu Bohrer, Meißel, Hammer, Schippe und wird damit allen Arbeitsbrigaden zum respektierten Vorbild. „Am 26. Juli waren die 5.300 Tonnen Planschulden beseitigt, und sofort begann der Kampf um die zweitausend Tonnen zu Ehren des V. Parteitags." Hastedts Buch wurde diskutiert und mit dem Literaturpreis des *Freien Deutschen Gewerkschaftsbundes* 1959 geehrt.

Regina Hastedt blieb ihrem Wohnort Chemnitz und ihren Arbeitsthemen treu und fragte „Wer ist hier von gestern? oder Hausfrau gesucht!" (1955) oder „Ich bin Bergmann, wer ist mehr?" (1961). Sie veröffentlichte in den Anthologien „Wir und unsere Zeit" (1959), „Härter als Granit. Vom neuen Le-

ben im Erzgebirge" (1960) und „Sieh, das ist unser Tag! Lyrik und Prosa für sozialistische Gedenk- und Feierstunden" (1961). Sie leitete *Zirkel schreibender Arbeiter* in Oelsnitz und in Lugau. Dort gesammelte Texte erschienen unter dem Titel „Kumpelgeschichten" (1962), auch diese wurden vom *FDGB* ausgezeichnet. Dann wurde es um die Autorin stiller. 1987 erschien „Barbara Uthmann" - ein historischer Roman. „Eine Frau in der Geschäftswelt der Männer - wie sie hineingelangt, das schildert Regina Hastedt anschaulich vor farbigen Zeithintergrund. Das Mädchen Barbara, Tochter des Bergzehntners von Elterlein zu Annaberg, Enkelin des Mitbegründers dieser

Stadt, verwandt mit Georg Agricola und Schülerin von Adam Ries, sucht ihren eigenen Weg. Mit fünfzehn wird sie dem reichen Fundgrübner Christoph Uthmann vermählt. Zwölf Kinder zieht sie groß, darunter Marcus, den Lieblingssohn, der Gold finden will. Sie hat Geld, Macht und ihre weiße Spitze. Als das Silber in Annaberg zur Neige geht und viele Grubenbesitzer abwandern, bleibt sie in der Stadt", wo auch ihr Denkmal steht. Es folgte 1995 „Dorothea Erxleben" – ein biografischer Roman über die Pionierin des Frauenstudiums und erste promovierte Ärztin Deutschlands.

Regina Hastedt verstarb wenige Tage nach ihrem 86. Geburtstag am 28. Oktober 2007 in Chemnitz. Nur wenige literaturwissenschaftliche Kompendien verzeichnen heute ihr Wirken in der Zeit und die Nachwirkung ihrer Bücher.

„Nie werde ich die richtigen Worte finden, für das, was in jenen Tagen geschah. Es war wie eine Schlacht. Wir siegten über den Berg, über uns und über den Feind. Wir standen alle zäh und verbissen in den engen Abbauen. Des Nachts aber, in meinen Träumen, wurden die Strecken und Streben weit. Dann sah ich uns mit roten Fahnen stürmen, und in das Krachen der brechenden Kohle donnerte unser ‚Hurra!'"

Regina Hastedt: Die Tage mit Sepp Zach, Berlin 1959.
Regina Hastedt: Kumpelgeschichten, Berlin 1962.
Regina Hastedt: Barbara Uthmann, Rudolstadt 1987.
Inge Münz-Koenen (Hg.): Werke und Wirkungen. DDR-Literatur in der Diskussion, Leipzig 1987.
Michael Hametner/Kerstin Schilling (Red.): Es genügt nicht die einfache Wahrheit. DDR-Literatur der sechziger Jahre in der Diskussion, Leipzig 1995.

Der Unbekannte mit dem kargen Strich

Alles, was an privaten Katastrophen möglich: Henry Büttner

Allwöchentlich rief das Satireblatt des „Eulenspiegel" Humorbegabte dazu auf, unterm Motto LMM – „Leser Machen Mit" – eine witzige Bildunterschrift für eine Karikatur zu finden und diese der Redaktion einzusenden. Die drei humorvollsten Sätze werden von einer abhängigen Jury prämiert und in einem der nächsten Hefte unters Bild gesetzt. Mit Beginn der über Jahrzehnte laufenden Aktion stellt dazu auch der Zeichner Henry Büttner seine Werke zur Verfügung. Der ist ob seiner Alltagsbeobachtungen und seines unverwechselbaren Strichs seit Langem nicht nur „Eulenspiegel"-Lesern ein Begriff. Büttners Karikaturen werden in Poesiealben geklebt, verschickt, gesammelt, immer wieder betrachtet, und dabei wird herzhaft geschmunzelt.

Was sonst noch passierte
hieß die Rubrik, unter der er
Nie publizierte. Getroffen hätte es.
Zehnmal älter als ich war er,
Als meine Mutter Abseitiges
Aus dem Zentralorgan mit Büttners Blättern
Aufwog, indem sie beides an die innere Tür
Unseres Außenklosetts pappte.
Zu Kopfe stieg mir Stierendem
Die feingestrichelten Destillate
Des Genius. Über den Lokus geduckt,
Sah ich den Horizont klarer.
Im Auge nie ihn gehabt, verlor aus
Dem Sinn ich seine Paraphrasen nie,
Nicht seinen Für-, weil Aberwitz,
Bitter korrekt, unbeugsam nüchtern.
Ihm ich altere mich an. Halb kaum die Distanz,
Die heute uns trennt. Längst fortgeschönt
Ist der Ort frühen Einklangs. Auf dem Weg
Bleibe ich, hole den Meister nie ein, Nachhut,
Nachgelagerte Avantgarde. Im Wissen,
Dass immer etwas gegen den Strich läuft,
Widerstand setzen, Zeichen wie Worte:
Genius Lokus allerorts. Wir zehren genussvoll
Und zahln.

Ekkehard Schulreich: Was sonst noch passierte (2018)

Der „Frische Wind" heiterer Gesellschaftskritik wehte erstmals als Zeitungsblatt im April 1946 mit Presselizenz der Roten Armee durch die Sowjetische Besatzungszone und trug den klassenkämpferischen Pinselstrich von Werner Klemke, Erich Schmidt, Peter Reimann und anderer. Acht Jahre später hatte sich der Wind gedreht, und das Narrenheft nannte sich fortan „Eulenspiegel". Auch der versuchte, die DDR von heiterer Seite zu betrachten und war staatlich genehmigtes Ventil für Bürger- und Gesellschaftsfrust. Die „Wochenzeitung für Satire und Humor“ war im freien Handel - ganz wie „Das Magazin“ - selten zu erwerben. Abonnements wurden unter Genossen und Systemträgern vergeben. Der Otto-Normal-Bürger wartete darauf länger als auf einen Trabanten und meist vergeblich. Tatsächlich legten die im „Eulenspiegel“ veröffentlichten Artikel, Geschichten und Karikaturen erstaunlich oft den Finger in die offenen Wunden des sozialistischen Planwirtschaft: „Die Sache des Sozialismus bedarf nicht des Bombastes, Gerassels, Gekreischs, Gedröhns, der marktschreierischen Superlative und der schiefen Bilder. Gerechtfertigtes Selbstbewußtsein tut sich nicht in großen, lauten, herausfordernden Worten kund; ebensowenig wie sich zuversichtliches Weltgefühl in Zahnpasta-Lächeln oder Spruchbändern ausdrückt“ (1956).

Die Autoren und Rubriken des „Eulenspiegels“ wurden Kult: Renate Holland-Moritz mit der „Kino-Eule“ vs. Matthias Biskupeks „Buch-Eule“. Hans-Georg Stengel mit schrägen Kreuzworträtselfragen und Palindromen: „Die Liebe ist Sieger, rege ist sie bei Leid“. Jochen Petersdorf mit „Lilomaus“ und „Die Funzel“, dem „Abendblatt für trübe Stunden“. C. U. Wiesners „Friseur Kleinekorte“, Ottokar Dommas „Braver Schüler Ottokar“ und Lothar Kusches „Drucksachen“: „Merke: Unter ‚humorvollen Typen‘ versteht man in der Fernsehdramatik im allgemeinen solche Figuren, die ihre lehrreichen Sprüche freundlich vortragen und dabei etwas schelmisch blicken beziehungsweise (sofern sie einer Brigade angehören) dem Partner gutmütig auf die Schulter klopfen.“

Doch zweifelsohne waren die Karikaturen beginnend mit dem Titelbild des Lesers Augenfang: „Karikatur“ leitet sich vom lateinischen *carrus* - einem überladenen Karren – ab, auch vom italienischen *caricare* für „überladen, übertreiben". Eine „Karikatur ist eine Zeichnung, auf der deren Schöpfer das der Realität Entlehnte übertreibt, um es zur Verdeutlichung lächerlich aussehen zu lassen. Man spricht auch von einem Zerrbild, das die Wirklichkeit unrealistisch wiedergibt. Die Zeichner wollen mit Spott deutlich machen, dass sie gegen etwas sind. Ein altes deutsches Wort für Karikatur ist deshalb Spottbild. Oft sieht man, wie etwas getan wird oder passiert, worüber man sich lustig macht. Die Entsprechung im Englischen ist ‚caricature', aber auch ‚cartoon'. Der ‚Cartoon' wird teils als ein eigenes Genre betrachtet, der Übergang ist fließend."

Den „Eulenspiegel" zierten markante Titelbilder, manch eins davon wurde zum Poster: Louis Rauwolf: Vor der Baustelle das Schild: „Hier entsteht ein zugeschüttetes Loch!" Heinz Behling: Eine marode Gemüseverkaufsstelle erhält neues Outfit und neuen Namen: „Juice-Shop". Die Oma davor klärt man auf: „Es ist und bleibt ein Saftladen". Roland Beiers zauseliger Karl Marx wurde „Karikatur des Jahres" 1990: „Tut mir leid, Jungs! War halt nur so 'ne Idee von mir …" Harald Kretzschmar portraitierte die Nomenklatura der Weltkultur. Heinz Jankowski zeichnete Knubbelnasen, Karl Koppe in Punkten, Manfred Bofinger schwungvoll, Peter Dittrich eckig und Peter Muzeniek sehr detailliert. Und in jedem Heft fand der geneigte Leser dann auch all die privaten Katastrophen, die einem das Leben verleiden, doch über die man in der Karikatur dann schmunzeln, wenn nicht lachen konnte. Meister dieses unspektakulären Humors: Henry Büttner. Er zeichnete ein Klo als Gummizelle, zerquetsche den Brautstrauß in der Tür, zog nach der Scheidung eine Mauer quer durchs Wohnzimmer, trommelwirbelte bei der Zahnextraktion. Büttners Zeichnungen haben einfach eigenen Strich. Seine Protagonisten stehen etwas steif in ihrer Welt, tragen weite Hosen und stattliche Nasen. Die von Büttner gestalteten Probleme kennt ein jeder aus dem persönlichen Alltag: Ehezwist und Behördenstress, Kommunikationsdesaster und Fehlermeldungen, Wut und Freude, Zank und Liebe, Tücke und Desaster. Der genervte Ehemann trägt's als Schild um den Hals: „Ich bin ganz deiner Meinung!"

Die Informationen über den Karikaturisten sind spärlich, so dass in einem Vorwort gemutmaßt wurde, „dass es Henry Büttner gar nicht gebe, dies nur ein Künstlername sei oder sich hinter Henry Büttner ‚eine Genossenschaft mit staatlicher Beteiligung zur Befriedigung des Inlandbedarfs an Humor' verberge. Oder ein Karikaturencomputer, der von ‚irgendwelchen nicht näher zu bestimmenden Institutionen zur Herstellung eines gesellschaftlich-moralischen Gleichgewichts programmiert wird'. Damit entlarvt sich das Vorwort selbst als eine Satire auf die damals allumfassende Zentralplanwirtschaft und jenes unzureichend ausgeprägte Verständnis für Privatsphäre." Die wenigen Portraitfotografien Henry Büttners zeigen ein Gesicht wie Dutzende andre: Seitenscheitel, Hemdkragen, Pfeife. Das könnte die voran zitierte Vermutung unterstützen.

„Eine der wenigen bekannten Tatsachen ist Henry Büttners Wertschätzung für Schopenhauer." Dieser Philosoph meinte: „Bei Abwesenheit großer Leiden quälen uns die kleinsten Unannehmlichkeiten." Diese Sentenz spiegelt Büttners Werk auf unnachahmliche Weise und beweist: „Das Glück gehört denen, die sich selbst genügen. Denn alle äußeren Quellen des Glückes und Genusses sind ihrer Natur nach höchst unsicher, misslich, vergänglich und dem Zufall unterworfen." So steht zu lesen, dass „Henry Büttner oft als der Philosoph unter den Zeichnern gesehen wird. Er ist ein Meister des kargen Strichs, der leisen Satire und des melancholischen Humors. Seine Zeichnungen kommen meist ohne Worte aus. Was anfangs, wie ein Witz aus dem täglichen Leben, über Haus, Familie, Auto, Kneipe oder Büro erscheint, entpuppt sich beim genaueren Hinsehen

oft als versteckte Kritik an den gesellschaftlichen Verhältnissen, als Anspielung auf Missstände und Unmoral. Großes spiegelt sich im Kleinen. Er schickt seine schrulligen Protagonisten mit ihrem verschrobenen Weltbild in groteske Situationen. Wieviel haben wohl diese Typen von ihm selbst?"

Sichere Fakten in Henry Büttners Biografie: geboren am 12. November 1928 in Wittgensdorf bei Chemnitz – 1999 wurde das mit seinen reichlich 4.000 Einwohnern dem großen Chemnitz eingemeindet –, verheiratet und Vater einer Tochter. Er besuchte die Volksschule und absolvierte in Kriegstagen eine Lehre als Plakatmaler und Schaufensterdekorateur und wurde danach zum Wehrdienst eingezogen. Später arbeitete er in der Landwirtschaft und versuchte eine Karriere als Sänger. Fünfzehn Jahre lang gestaltete Henry Büttner die Schaufenster des *Centrum-Warenhauses* in Karl Karl-Marx-Stadt. 1954 hatte der „Eulenspiegel" eine erste seiner Zeichnungen veröffentlicht. Ein Kollege erinnert sich: „Henry Büttner war einer der ersten von uns, der sich ein Auto leisten konnte. Was haben wir gelacht. Büttner konnte gar nicht Auto fahren. Da hat er den Wagen in seine Garage gestellt und aufgebockt." Keine Frage: Sujet für eine Büttner-Zeichnung.

Ab 1959 arbeitete Henry Büttner als freischaffender Künstler. In (fast) jedem „Eulenspiegel"-Heft waren seine Alltagsabsurditäten zu finden. Ausstellungen sah man in vielen (ostdeutschen) Kulturstätten von den DDR-Kunstausstellungen in Dresden bis hin zum „Satiricum" in Greiz. Viele der Zeichnungen wurden danach in Sammelbänden veröffentlicht: so in „Humor aus linker Hand" (1958), „Der Mann mit dem runden Hut" (1973), „Unsere Menschen in Protzendorf" (1981), „Oma, Opa, Onkel, Tante, Mama, Papa, Katze, Hund und andere nützliche Leute“ (1984), „Kampflos in die nächste Runde“ (1990). 1995 erschien „Das dicke Büttner-Buch“, eine Ehrung für die Gattung prägende Künstler.

Henry Büttner 2022

Mitte der 1990er-Jahre stellte Büttner sein Kunstschaffen ein, „der Chefredakteur des Eulenspiegels habe ihm damals mitgeteilt, dass seine Karikaturen nicht mehr zeitgemäß seien“. Den „Deutschen Karikaturenpreis“ fürs Lebenswerk lehnte Henry Büttner 2015 ab, da „sich mit Auszeichnungen immer nur der Preisverteiler ehren wolle, und er bereits alles habe“.

www.cartoonmuseum-digital.de

Ingeburg S. alias Siegfried B. alias Alexander A. alias Tom W.

Die ostdeutsche Agatha Christie kommt aus Wittgensdorf

„Vielleicht spielt auch eine Rolle, dass ich mich oft gefragt habe, warum hat denn der Wolf die Großmutter gefressen? Vielleicht waren für den Wolf dürre Zeiten angebrochen. Warum tötet die böse Fee mit einer Spindel das Dornröschen? Sie war zum Fest nicht geladen worden. Wie muss sie das erbost, gekränkt, gedemütigt haben. Wie oft werden Menschen hintangesetzt, ungerecht behandelt, verletzt und beleidigt und wollen sich bemerkbar machen oder rächen sich durch eine Untat. Es reizt mich, dahinter zuschauen, wie, wo und warum das Böse entsteht", beantwortete die „Agatha Christie der DDR", Tom Wittgen, die Frage, warum sie Kriminalromane schriebe. Ihr gehe es darum, „den Zusammenhang von Verbrechen und Gesellschaft aufzuzeigen".

Ihre mehr als zwanzig Kriminalromane zeigen sozialismustypische Kriminalität oder werfen den Blick in die Verwerfungen der bürgerlichen Gesellschaft der BRD. Wittgens in der „Blaulicht"-Reihe veröffentlichte Erzählungen lasen Millionen. Mehrere „Polizeiruf"-Filme basieren auf ihren Geschichten: „Ein bißchen Alibi" (1972), „Doppeltes Spiel" (1978), „Blue Dream" (1993). Ganz im Dürrenmattschen Sinne tat Tom Wittgen „Kunst da, wo sie niemand vermutet", denn am Krimi klebt bis heute das Label von Schund und Schmutz und trivialer Literatur. Doch meinte die Autorin 1985, „bezüglich der Leser rangiert der Krimi ziemlich weit vorn. Bezüg-

Verstiegen und wenn der Uhu schaut, je 1970

lich der Verlage, die darauf profiliert sind, ist man bestrebt, ihn in bestmöglicher literarischer Qualität zu edieren (Ausnahmen bestätigen die Regel), was dazu beiträgt, ihm einen guten Platz innerhalb der Gesamtliteratur zu sichern. Bezüglich der Kritik spielt er innerhalb der Gesamtliteratur kaum eine Rolle, findet aber neuerdings ab und zu Erwähnung. Bezüglich des Schriftstellerverbandes beginnt man wohl jetzt, ihm die Aufmerksamkeit zu schenken, die er verdient."

Es hatte zwei Jahrzehnte gedauert, ehe die sozialistische Literatur- und Verlagselite begriff, dass Verbrechen auch der vermeintlich besseren Gesellschaftsordnung eigen und nicht so einfach auszurotten sind. Zunächst waren die Ideologen nämlich davon ausgegangen, dass es auf dem Weg zum Kommunismus alsbald nirgendwo im sozialistischen Lande noch Gesetzesverstöße gäbe, denn das entwickelte Bewusstsein stünde dem Unrecht überall entgegen. Verbrechen zum eigenen Vorteil, Gier und Hass und Eifersucht, so die Theorie, waren Reste einer überlebten Staatsform, die im Westen jedoch noch immer existierte. Die Diskussionen um sozialistische Verbrechensliteratur wurden heiß und erbittert geführt: „Der Krimi bedarf der Kriminalität, der moderne Krimi der entwickelten Kriminalität; aber die Kriminalität entwickelt sich, wenn überhaupt, allenfalls in der spätbürgerlichen Gesellschaft - man mag das als Mensch begrüßen, man vermag es jedoch nicht zu ändern", resümierte Krimiautor Hasso Mager. Folgerichtig suchten die Kriminalromane der frühen DDR die Täter im alten Gesellschaftssystem, deren Reste zweifelsohne existierten, und präsentieren als Täter versteckte Nazi-Mörder, westliche Agenten und Saboteure des sozialistischen Aufbaus - unmenschliche Relikte eines unmenschlichen Systems. Mehr noch: Zum Beweis ließen die Autoren gleich die Mordshandlungen als ideologische Keule beim Klassenfeind im westlichen Ausland spielen - auch Tom Wittgen: „Intimsphäre" (1973), „Die falsche Madonna" (1982) oder „Das Schwarze-Peter-Spiel" (1983).

Der über jeden Zweifel erhabene Kommunist und Emigrant Fritz Erpenbeck (1897–1975) besaß genügend Einfluss und Reputation, seine Kriminalgeschichten im realen Sozialismus anzusiedeln. „Solange die Kriminalität lebt, solange wird der Kriminalroman leben." Deshalb verschob sich Ende der 1960er der Fokus im Genre hin zu DDR-eigenen Verbrechen. In der Phase jener Neubesinnung betrat Tom Wittgen die kriminalliterarische Bühne und wirkte auf ihr bis in die Nachwendejahre mit großem Erfolg. Ihre Romane erschienen in Millionenauflage und trotzdem waren sie Bückware und standen selten und nicht lange in den Verkaufsregalen des Buchhandels. Tom Wittgen - der Name ist ein Pseudonym: Tom steht für einen männlichen Autor, unter solchem Namen liefen die Krimis jener Jahre einfach besser (heute verkaufen sie sich unter weiblichen Label ungleich schneller). Der Familienname Wittgen steht für den Geburtsort der Autorin: Wittgensdorf – seit 1999 zu Chemnitz gehörig.

Ingeburg Siebenstädt, alias Tom Wittgen wurde am 28. April 1932 daselbst geboren, dort ging sie zur Volksschule, danach besuchte sie das *Seminar für soziale Frauenberufe* in Chemnitz. Ihr Abitur legte sie auf der *Arbeiter-und-Bauern-Fakultät* in Leipzig ab. An der dortigen Universität studierte sie Germanistik. Später arbeitete sie als Rundfunkjournalistin und Lektorin. Beim auf Krimis spezialisierten Verlag *Das Neue Berlin* betreute sie unter anderem die „Blaulicht"-Reihe mit Kriminalerzählungen von 30 bis 60 Seiten Länge. Als Nummer 80 erschien 1967 darin ihre erste selbstverfasste Kriminalgeschichte: „Der Überfall": Eine junge Frau wird angeschossen und ausgeraubt. Die kriminalpolizeilichen Ermittlungen legen nicht nur persönliche Verfehlungen bloß, sondern auch Missstände im sozialistischen Produktionswettbewerb. Der Kaderleiter „bildet sich etwas darauf ein, nur mustergültige Kollegen eingestellt zu haben, da finden Sie keinen, der auch nur ein Stäubchen auf der Weste hat; wenigstens sieht man keins. Einige, die manchmal bummelten oder zu spät kamen, wurden nicht erzogen, sondern auf geschickte Art aus dem Betrieb vermittelt. Nun stellen Sie sich vor, in diesem Musterbetrieb findet sich ein schwarzes Schaf, das beinahe verurteilt worden wäre und das auf Bewährung lebt. Nein, da hat er alle Register seiner Einstell- und Rausschmeißkunst gezogen und hat gesiegt. Übrigens führt er jetzt das Beispiel bei jeder unpassenden Gelegenheit an, so ungefähr in der Art: Von leichtlebigen, charakterlosen Menschen hält man sich lieber fern, denn sie können den Pflichtbewusstesten in Gefahr bringen und zu ungesetzlichen Handlungen

Die Agatha Christie des Ostens: Ingeburg Siebenstädt, alias Tom Wittgen (2010)

verleiten. Von Hilfe und Erziehung war da keine Rede, er hat jeden aus dem Betrieb heraus- oder hereindiskutiert, je nachdem wie es ihm passte."

Die staatliche Zensur bei Unterhaltungsmedien war nicht so penibel wie bei sogenannter „hehrer Kunst" und „hoher Literatur". So geben Kriminalromane - vor allem in den 80er-Jahren - ein getreulich Bild der DDR: Schlamperei, Alkoholismus und egoistische Verhaltensweisen bis hin in staatliche und Parteiorganisationen, von Betrug zu Vergewaltigung und Mord. Viele der Krimis von Tom Wittgen fraßen sich dem Leser ins Gedächtnis. Ihr erster Roman „Der zweite Ring“ (1970) stand am Beginn der legendären „DIE-Reihe“ des Verlags *Das Neue Berlin* und schildert Nachkriegskriminalität und gesellschaftlichen Neuanfang in der SBZ. „Das sanfte Mädchen“ (1975) entdeckt die doppelte Rechnungsführung ihres Abteilungsleiters im Centrum-Warenhaus und muss sterben. Die Story wurde als „Doppeltes Spiel“ (1978) verfilmt. Theater- und Filmstar Rolf Hoppe gab den Mörder und Betrüger. Der „Schatten in Grün“ (1972) vollzieht die Ermittlungsarbeit eines tatsächlichen Verbrechens in Chemnitz nach. Persönlicher Ehrgeiz tötet „Die kleine Bell“ (1976). Und „Die letzte S-Bahn“ (1988) bietet einem Obdachlosen Wärme und Geborgenheit. Oft sind die geschilderten Gesetzesverstöße multipel und werden von Kollektiven in der sozialistischen Wirtschaft begangen: „In ‚Tiefenprüfung‘ (1978) werden wir mit den betrügerischen Tricks von fünf Mitarbeitern des Handels bekannt gemacht. Bestechung, Erpressung, Manipulation, fahrlässige Tötung bedingen sich gegenseitig. In ‚Herbstzeitlose‘ (1981) verflechten sich Raub, Erpressung, Scheckbetrug, Körperverletzung mit tödlichem Ausgang und Mord miteinander, ein weiteres Verbrechen – illegaler Grenzübertritt – wird vorbereitet.“ Manche Kriminalgeschichten der Autorin erschienen unter weiteren Pseudonymen: Alexander Andreew (u. a. „Romeo, Julia und der Leutnant“, 1969), Siegfried Burg („Die Zange“, 1969) oder Ingeburg Siebenstädt („Das stille Haus“, 1985, ist eine leise Emanzipationsgeschichte).

Die Autorin zeichnet in ihren Kriminalgeschichten kein geschöntes Bild des Arbeiter-und-Bauern-Staates, es ist das literarische Abbild des realen Sozialismus. Vielleicht auch deswegen wurden Tom

Wittgens Romane und Erzählungen viel gelesen, und die sozialistischen Bruderstaaten übersetzten ihre Bücher. Sie erschienen in Ungarn, Polen und der UdSSR. „Spring über deinen Schatten“ (1983) wurde gar in der legendären Reihe der „rororo-thriller“ (1985) veröffentlicht. All das ließ Tom Wittgen zur „Agatha Christie des Ostens“ werden. Dafür ehrte die Gilde deutscher Kriminalschriftsteller „Syndikat“ Ingeburg Siebenstädt 1994 für ihr Lebenswerk mit einem „Ehrenglauser“.

Auch anderen Genres wandte sich die Autorin zu: Kinderbücher, so „Rumpelfahrt nach Hammerspring“ (1974) und „Der Bruder des Sheriffs“ (1979). Sie schrieb historische und Abenteuerromane, wie „Die singende Taube“ (1976) und „Eismeerdrift“ (1979). Ingeburg Siebenstädt war eine scharfe Beobachterin der DDR, und sie blieb es auch im neuen Deutschland. „Blue Dream - Tod im Regen“ (1993) schildert wie in Wendewirren eine ostdeutsche Kleinstadt zum Eldorado dubioser Geschäftsleute wird. „Crossbody“ (1996) ist als Unikat eines „Wrestling-Krimis“ einzigartig. Und Tom Wittgens Serienheld, der Oberleutnant, später Hauptmann, noch später Kommissar Karl Simosch ermittelt letztmalig im „Rotlicht“ (1998) eines Sachsensumpfes und in Leipzig. Die Zeiten hatten sich geändert: „Sehen Sie sich diesen Toten an! Er wurde von Schrotkugeln durchlöchert, und zwar als er das tun wollte, was ihm mehr galt als Body-Building und Mode! Er wollte einen vergnügten Abend, schöne Frauen, Entspannung, Spaß. Aber um solch einfacher, menschlicher Dinge willen muss man in dieser Stadt sein Leben riskieren!“

MUSEUMSKARRIERE

Vergessene Sammlungen, das Gunzenhauser und die Direktorin: Ingrid Mössinger

Die Kunstführer Deutschlands verzeichneten *Rußchamtz* jahrzehntelang nicht als museales Highlight. Zu Unrecht, denn bereits 1909 eröffnete am Theaterplatz das Galeriegebäude des Chemnitzer *König-Albert-Museums*. In seiner ersten Ausstellung waren auch Bilder des heimischen Expressionisten Karl Schmidt-Rottluff zu sehen, dessen Arbeiten heute ein Kernstück der Chemnitzer Sammlungen bilden. Überhaupt beherbergt das Museum „70.000 Objekte des 16. bis 21. Jahrhunderts in verschiedenen Abteilungen. So umfasst die Malerei zahlreiche Werke von Künstlern wie Caspar David Friedrich, Carl Gustav Carus, Ernst Ludwig Kirchner, Erich Heckel, Lovis Corinth, Edvard Munch und Georg Baselitz. Im Bestand der Skulpturen befinden sich u. a. Arbeiten von Edgar Degas, Wilhelm Lehmbruck, Aristide Maillol, Georg Kolbe und Tony Cragg. Die Grafische Sammlung besitzt rund 28.000 Arbeiten auf Papier. Herausragende Bestände bilden die Konvolute von Lyonel Feininger, Honoré Daumier und Wolfgang Mattheuer. Zum Museum gehören zudem die Textil- und Kunstgewerbesammlung mit Koptischen Stoffen und einer der größten Strumpfsammlungen aus der Zeit um 1900. Die kunsthistorische Fachbibliothek ist öffentlich zugänglich und umfasst mehr als 90.000 Einheiten." Im Kriege schwer zerstört, war in der DDR das Ausstellungsgebäude restauriert und nicht nur musealer Nutzung vorbehalten.

Oberbürgermeister Peter Seyfert berief 1996, wohl auf Empfehlung „des aus der Nähe von Chemnitz stammenden, mit seinem Stuttgarter Büro zu internationalem Ansehen gekommenen Architekten Günter Behnisch, der zuvor schon mit ihr zusammengearbeitet hatte", Dr. Ingrid Mössinger zur Direktorin der *Kunstsammlungen Chemnitz*: „Es war eine einzigartige Gelegenheit, eine Systemveränderung innerhalb eines Landes zu erleben. Der Reiz des Neuen hat mich schon sehr angesprochen."

Ingrid Mössinger wurde 1941 in Stuttgart geboren und ist am Neckar aufgewachsen. Sie studierte „zunächst Bibliothekswissenschaft, später Kunstgeschichte, Archäologie, Ethnologie und Philosophie. Danach arbeitete sie als Kuratorin beim Frankfurter Kunstverein und wirkte 1992/93 als Direktorin der Art Frankfurt und im Anschluss als Leiterin des Kunstvereins Ludwigsburg." Der neuen Direktorin gelang es in kurzer Zeit, die Chemnitzer Kunstsammlungen über die Stadtgrenzen hinaus bekannt zu machen. Kunstkritik und Presse, Politik und Museumsbesucher waren des Lobes ihrer Arbeit voll: „Vierhundert Ausstellungen hat sie in den folgenden Jahren veranlasst, im Schnitt bedeutet das achtzehn jährlich. Es waren viele, weit über die Region hinaus Aufsehen erregende Ereignisse darunter, ‚Picasso und die Frauen', mit Leihgaben aus aller Herren Länder, die für das Museum in Chemnitz, nüchtern besehen, als nicht erreichbar gelten mussten. Aber es ist eine der Qualitäten Mössingers, sich niemals abweisen zu lassen, Ausdruck ihrer unbedingten Hingabe an ein Projekt, eine Idee, an die Kunst. Sie hat mit ihrer unnachgiebigen Insistenz manchmal auch prinzipiell wohlwollende Förderer an den Rand der Verzweiflung getrieben – bis diese schließlich doch taten, was von ihnen erwünscht wurde. So konnten in Chemnitz reich bestückte Ausstellungen, um nur die Spannweite zu markieren, von Munch und Warhol und Sam Francis, von italienischer Avantgarde bis zu russischer Revolutionskunst, verwirklicht werden. Bob Dylan hat Mössinger, durch einen zufällig in einem New Yorker Buchladen gefundenen Hinweis, überhaupt als Maler entdeckt, die Ausstellung in Chemnitz wurde, kein anderes Wort: ein Welterfolg. Umfängliche Retrospektiven wurden den ja nicht nur sächsischen Heroen Kirchner und Schmidt-Rottluff gewidmet."

Ein Coup gelang der Direktorin 2003, als sie Dr. Alfred Gunzenhauser überzeugte, seine Sammlung nach Chemnitz zu geben. Der passionierte Kunstliebhaber, Sammler und Galerist stiftete mehr als 2.400 Werke von insgesamt 270 Künstlern. In der Stadt „wurde zu diesem Zweck von 2005 bis 2007 der frühere Hauptsitz der Chemnitzer Sparkasse aus dem Jahr 1930 von dem international renommierten Architekten Volker Staab zu einem Kunstmuseum umgebaut. Architektur und Sammlungsprofil sind dabei eine gelungene Symbiose eingegangen und haben der Stadt Chemnitz einen weiteren kulturellen Anziehungspunkt hinzugefügt. Auf vier Etagen präsentiert das Museum bedeutende Werke der klassischen Moderne und der zweiten Hälfte des 20. Jahrhunderts. Das Renommee der Sammlung begründen vor allem zwei umfangreiche Werkgruppen. Mit 278 Werken von Otto Dix verfügt das Museum Gunzenhauser über eines der weltweit größten Konvolute des Malers. Ebenso bewahrt das Museum eine der größten Sammlungen des Expressionisten Alexej von Jawlensky. Die Werke beider Künstler bilden zusammen mit denen ihrer Zeitgenossen den Kern der Dauerausstellung in den oberen drei Etagen des Museums. Im Erdgeschoss finden jährlich wechselnde Sonderausstellungen statt." Damit ist der Direktorin Doppeltes gelungen: „Einerseits musste das Publikum in Chemnitz herangeführt werden an das, was in der DDR bis zur Wende nicht zu sehen gewesen war, also an Westkunst älteren wie jüngeren Datums; andererseits war aber auch die Anbindung des Museums an die regionale Kunstszene geboten. Ein Akt der Balance, der ihr gelang. Auf hohem Niveau."

2005 erfolgte die Ernennung Ingrid Mössingers zur Generaldirektorin der *Kunstsammlungen Chemnitz,* zu denen neben dem Museum am Theaterplatz das *Museum Gunzenhauser*, das *Schloßbergmuseum,* das *Henry van de Velde Museum* in der Villa Esche, die Stiftung *Carlfriedrich Claus Archiv* und andere gehören. Mit etwa 106.000 Objekten zählen die Kunstsammlungen heute zu den größten kommunalen Museen der Bundesrepublik Deutschland.

Mössingers erfolgreiche Arbeit trug weitere Früchte: Besondere Bedeutung hat die großmütige Ehrengabe des Berliner Galeristen Bastian und seiner Familie, die Chemnitz ein Hauptwerk von Robert

Rauschenberg und mehr als einhundert erstrangige Bildwerke gegenwärtiger Kunst überlassen haben. Im Gegensatz zu seiner Wahlheimat haben sich die Kunstsammlungen für das Werk des Leipziger Malers Wolfgang Mattheuer eingesetzt: Drei große Personal-Ausstellungen fanden in Chemnitz statt. „Durch dieses Engagement kam es zu den großzügigen Schenkungen von 13 Zeichnungen und einem Gemälde durch die Künstlerin und Witwe Ursula Mattheuer-Neustädt, sowie zur Übereignung eines Gemäldes, der Wolfgang Mattheuer noch zu Lebzeiten zugestimmt hatte. Mit diesen Schenkungen erfuhr der einzigartige Bestand an Mattheuer-Werken in Chemnitz eine wichtige inhaltliche Erweiterung." Zudem erhielt das Museum druckgrafische Werke des Künstlers durch die Schenkung Hartmut Kochs.

Zurück in den Chemnitzer Kunstbestand gebracht hat Ingrid Mössinger manches von dem, „was durch die Nazis aus den Sammlungen geraubt worden war, zumal Werke von Lehmbruck und Beckmann. Im besuchenswerten Schlossmuseum wurden die Bestände neu positioniert. Den zweithöchsten Schornstein in Deutschland hat sie von David Buren, dessen Hauptwerk den Platz am Palais Royal in Paris schmückt, mit Bändern in sieben Farben gürten lassen und so zu einer weithin sichtbaren Attraktion gemacht. Die Ausstellung der in dem wunderbaren Hauptsaal des Museums seriell rhythmisierten, leuchtenden Textilfelder David Burens ist wahrscheinlich die schönste, die es bisher von ihm gab." Weithin sichtbar wurde Burens *Phallus erectus Chemnitiensis* schnell zur Landmarke und zum Wahrzeichen der Stadt.

„Ingrid Mössinger ist für ihr Wirken vielfach ausgezeichnet worden. 2007 wurde ihr das Verdienstkreuz am Bande der Bundesrepublik Deutschland verliehen. 2016 folgte das Verdienstkreuz 1. Klasse der Bundesrepublik. Mössinger ist zudem Trägerin der Sächsischen Verfassungsmedaille (2010) und des Sächsischen Verdienstordens (2014). Seit 2008 darf sie sich Ritter der französischen Ehrenlegion nennen, seit 2010 ist sie zudem Trägerin des Ritterkreuzes des dänischen Dannebrog-Ordens. Im gleichen Jahr wurde ihr auch der Mitteldeutsche Wirtschafts- und Kommunikationspreis ‚Heiße Kartoffel' zuerkannt. Im Jahr 2015 wurde der Generaldirektorin die Ehrendoktorwürde der Technischen Universität Chemnitz verliehen. Ingrid Mössinger war zudem Mitglied des Hochschulrates der Universität der Künste Berlin und Mitglied des ZDF-Fernsehrates. Sie war Mitglied des Hochschulrates der Hochschule für Bildende Künste Dresden und Mitglied des Kuratoriums der Hochschule Burg Giebichenstein Halle. Die Verleihung der Ehrenbürgerschaft für ihre Verdienste um die Kunstsammlungen und die Stadt Chemnitz fand in einem Festakt mit mehr als 500 Gästen im Opernhaus Chemnitz statt, darunter Ehrenbürger, Vertreter aus Politik, Wirtschaft, Kultur und Gesellschaft."

„Die Kunsthistorikerin Ingrid Mössinger hat es vermocht, internationale kuratorische Erfahrung, kunstgeschichtliche Expertise und Verhandlungsgeschick so miteinander zu verbinden, dass daraus große Erfolge erwachsen konnten. Der Freistaat Sachsen und die Stadt Chemnitz können sich glücklich schätzen, mit ihr eine Persönlichkeit engagiert zu haben, die vielbeachtete Ausstellungen von höchster Qualität organisiert", stellte die sächsische Kultusministerin fest. „Ein beispielloses Beispiel für die wahre Hingabe an die Kunst", nannte die Dekanin der Philosophischen Fakultät das Engagement der Generaldirektorin. „Ihre Offenheit für die Wissenschaft ermöglichte die Vielfalt an Kooperationen zwischen den Museen der Stadt und der Philosophischen Fakultät, die sich selbst als ein ausgewiesener Ort für den wissenschaftlichen Dialog mit der Kunst begreift. Kunst ist für Ingrid Mössinger kein Schmücke-dein-Heim, kein Nebenher, kein Auchnoch, sondern integraler Bestandteil gesellschaftlichen und individuellen Menschseins. Frau Mössinger lebt das Ethos, dass die Kunst der Gesellschaft in Freiheit verpflichtet ist."

Und die Generaldirektorin selbst sagte zu ihrem Abschied 2017: „Kunst muss öffentlich zugänglich sein. Es geht nicht um Besucherzahlen, sondern um Bildung. Chemnitz hat allen Grund, stolz zu sein auf seine Sammlungen und diese herzuzeigen."

Pressestelle Stadt Chemnitz.
www.museum.de/museen/kunstsammlungen-chemnitz
Peter Iden: Von Mössinger bleiben mannigfaltige Spuren, in: Frankfurter Rundschau, 6.1.2019.
www.regionchemnitz.de/chemnitz/ausstellung/museum-gunzenhauser

ABBILDUNGSNACHWEIS

Archiv des Verlags: 8, 9(2), 14, 20, 21(5), 23, 26, 27(2), 29 (Foto: Erwin Raupp, 1898), 31, 35 (Foto: Hedwig Storch, CC BY-SA 3.0, 2013), 51, 54, 55, 66(2), 69.
Bauhaus-Archiv Berlin: 44.
Henry Büttner: 57, 61, 62.
I. Mössinger privat: 74.
Kunsthaus Zürich: 32
Kunstsammlungen Chemnitz: 31, 39, 41.
Ralf C. Müller: 2, 30.
Sommerpalais Greiz: 64.
©VG Bild-Kunst, Bonn 2025: Brandt, Marianne, Teeservice, 1924 (Foto: sailko, CC BY-SA 3.0, 2011): 42.
©VG Bild-Kunst, Bonn 2025: Martin, Benita, Porträt Ingrid Mössinger, 2013: Schutzumschlag, 79.
©VG Bild-Kunst, Bonn 2025: Schmidt-Rottluff, Karl, Bahndamm im Winter, 1905 (Foto: Ralf C. Müller, 2022): 38.